I0616383

LES ATTRIBUTS DE DIEU

*Comprendre qui est vraiment
le Dieu de la Bible*

Ram Krishnamurthy

LES ATTRIBUTS DE DIEU

*Comprendre qui est vraiment
le Dieu de la Bible*

Ram Krishnamurthy

ORLANDO, FLORIDA

Le Attributs de Dieu: Comprendre qui est vraiment le Dieu de la Bible

ISBN:
978-1-954858-84-8 eBook
978-1-954858-85-5 Broché & PDF
978-1-954858-86-2 Relié

Proclaim Publishers
1317 Edgewater Drive, Suite 4774, Orlando, Floride, 32804
proclaimpublishers.com

À Dieu, que manifestera en son temps le bienheureux et seul souverain, le roi des rois, et le Seigneur des seigneurs, qui seul possède l'immortalité, qui habite une lumière inaccessible, que nul homme n'a vu ni ne peut voir, à qui appartiennent l'honneur et la puissance éternelle. Amen!

–1 Timothée 6:15b-16 (LSG)

Contenu

Comprendre notre objectif ultime

V ous êtes-vous déjà posé la question la plus profonde de la vie ? Le Catéchisme de Westminster concis déclare avec audace que le but principal de l'humanité est de glorifier et de profiter de Dieu pour toujours. Cependant, cette déclaration profonde repose sur un fondement crucial: une véritable compréhension de la nature de Dieu.

Dans son ouvrage captivant « Les Attributs de Dieu », Ram propose une exploration éclairante qui va au-delà du simple discours théologique. De plus, ce livre sert de boussole spirituelle, guidant les lecteurs à travers le paysage complexe des attributs divins.

En reliant une compréhension limitée à une sagesse infinie malgré nos limites humaines, Dieu nous invite à une relation plus profonde. Comme le rappelle le Psaume 3:145, Sa grandeur dépasse toute compréhension entière. Cependant, le Nouveau Testament promet une connaissance intime accessible à tous — du plus petit au plus grand.

Ce livre, avec son style dévotionnel, ne vous informe pas seulement, il vous transforme. Que vous soyez un chrétien engagé ou quelqu'un curieux de la foi, les visions de Ram offrent une invitation convaincante à explorer les qualités divines.

Embrasser l'Appel Divin

Qu'est-ce qui vous empêche de comprendre le Dieu qui vous a créé ? Ce livre lève les barrières théologiques, présentant la nature de Dieu à travers des exemples relatables et des applications pratiques.

En étudiant les attributs de Dieu, vous ne faites pas que gagner des connaissances — vous commencez un voyage spirituel qui changera la vie. Chaque page vous met au défi de passer de l'observation négative à un engagement spirituel actif.

Dr Ahmed Joktan
USA 02/02/2025

Utilisation de ce livre

Je suis ravi que vous aillez envisagé de lire cet ouvrage qui couvre douze attributs de Dieu. L'objectif est d'aider le lecteur à bien saisir la véritable nature du Dieu de la Bible. Bien qu'il ne s'agisse pas d'une étude approfondie de ce vaste sujet et qu'il ne soit pas principalement écrit pour les érudits, il repose néanmoins sur les fondements solides des Écritures.

Chaque chapitre est généralement court, contient des applications pour les croyants et s'adresse également aux non-chrétiens. Des questions pour discussions sont fournies à la fin de chaque chapitre pour inciter à des changements pratiques dans chacune de nos vies. Un verset biblique est répertorié sous chaque attribut pour la méditation et la mémorisation. Une liste d'hymnes/chants est également ajoutée afin que le lecteur/trice puisse l'utiliser pour louer Dieu pour un attribut donné. Et pour compléter chaque chapitre, une courte prière est proposée pour aider à vivre à la lumière de cet attribut.

Voici quelques façons dont ce livre peut être utilisé :

- Lecture personnelle.

- Étude biblique en petit groupe.

- Outil pour former de nouveaux croyants. (Ce serait un moyen utile de lancer les nouveaux croyants sur le chemin de la connaissance et de la jouissance du Dieu glorieux de la Bible!)

- Offert à un ami ou à un membre de la famille qui n'est pas encore chrétien mais qui pourrait être disposé à en savoir plus sur le Dieu de la Bible.

- Les pasteurs qui souhaitent enseigner à leur congrégation les différents attributs de Dieu.

- En plus de ce qui précède, si vous ou quelqu'un que vous connaissez rencontrez des difficultés dans certains domaines de la vie, alors même certaines parties de ce livre peuvent être utiles. Utiliser certaines parties du livre pour adresser des difficultés vécues dans la vie courante.

- Par exemple, lorsque vous êtes aux prises avec l'anxiété, le chapitre « La présence de Dieu » peut être utile.

- Lorsque vous vous sentez dépassé par les évènements, le chapitre « La souveraineté de Dieu » peut calmer l'âme en difficulté.

- Si vous luttez pour vaincre le péché, les chapitres « La sainteté de Dieu » et « L'amour de Dieu » peuvent vous aider.

- Si vous êtes aux prises avec une indécision, le chapitre « La Sagesse de Dieu » peut vous être utile.

Comme vous pouvez le constater, ce livre peut être utilisé à diverses fins. Une liste de ressources est également fournie à la fin. Elles ont été consultées lors de la préparation de ce livre, mais elles peuvent également vous aider à mieux comprendre ce sujet essentiel.

Je prie sincèrement que le Seigneur soit heureux d'utiliser ce livre comme un support pour faire grandir votre connaissance de Lui et votre amour pour Lui.

Au fait, aucune partie de ce livre n'est protégée par le droit d'auteur. Le crédit de l'auteur n'est pas non plus nécessaire. N'hésitez donc pas à l'utiliser comme vous le souhaitez.

Que toute la gloire appartienne au Seigneur!

En Christ,

Ram Krishnamurthy

Pourquoi étudier les attributs de Dieu

A W Tozer, dans son célèbre livre, *La connaissance du sacré*, a dit à juste titre :

> *Une conception correcte de Dieu est fondamentale non seulement pour la théologie systématique, mais aussi pour la vie chrétienne pratique... Je crois qu'il n'y a guère d'erreur de doctrine ou d'échec dans l'application de l'éthique chrétienne qui ne puisse être attribué en fin de compte à des pensées imparfaites et ignobles sur Dieu.*

Ainsi, si nous désirons vivre une vie chrétienne qui plaise à Dieu et qui lui soit agréable, nous devons nous efforcer d'avoir une conception juste de Lui. Et comme le Dieu de la Bible ne peut être compris que par ses attributs, il est essentiel que nous les étudiions. C'est donc le but de ce petit livre : étudier et, par conséquent, approfondir notre compréhension des attributs de Dieu.

J'espère que vous serez encouragé et mis au défi de poursuivre une étude plus approfondie de ce sujet. C'est une étude de toute une vie qui se traduit par d'immenses bénédictions, —dont cinq sont énumérées ci-dessous.

CINQ BÉNÉDICTIONS DE L'ÉTUDE DES ATTRIBUTS DE DIEU

Bénédiction n°1 : Elle nous aide à offrir un culte acceptable.

L'auteur de l'épître aux Hébreux nous ordonne de « rendre à Dieu un culte qui lui *soit agréable,* avec piété et avec crainte » (Hébreux 12:28-29a). Comment pouvons-nous y parvenir si nous ne comprenons pas qui Il est? Et puisque Dieu ne peut être compris que par ses attributs, nous devons en comprendre davantage afin de pouvoir l'adorer d'une manière qu'Il juge acceptable.

Bénédiction n°2 : Cela plaît à Dieu.

Colossiens 1:10 décrit qu'une vie qui honore et plaît au Seigneur est une vie qui « grandit continuellement dans la connaissance de Dieu. » Puisque Dieu n'est connaissable que par ses attributs, nous ne pouvons grandir dans la connaissance de Dieu *que* si nous étudions ses attributs tels qu'ils nous sont révélés dans la Bible. Et c'est ce qui rend la théologie, c'est-à-dire l'étude de Dieu, essentielle à la croissance chrétienne.

C'est une erreur de penser que la théologie est réservée à la branche érudite du christianisme. Au contraire, la théologie est destinée à tous les chrétiens. Pourquoi? Parce que chaque chrétien devrait chercher à plaire à Dieu en grandissant par la compréhension de sa nature!

Bénédiction n°3 : Elle nous protège contre une vision erronée de Dieu.

On dit que le caractère d'un homme sera nécessairement déterminé par le caractère du dieu qu'il adore. Si notre vision du Dieu de la Bible est erronée, cela affectera non seulement notre adoration envers Lui, mais aussi notre caractère. C'est pourquoi il est crucial de tenir compte de l'avertissement de Tozer au début de ce chapitre. Un manque de compréhension clair des attributs de Dieu mènera à une vision erronée de Dieu et résultera en une vie qui ne lui plaira pas. C'est pourquoi il est d'une grande importance d'étudier les attributs de Dieu. Certes, même une étude de toute une vie des attributs de Dieu ne donnera pas une compréhension complète de Ses attributs parce qu'il est impossible pour des humains de comprendre pleinement un Dieu infini.

Cependant, nous avons été créés à l'image de Dieu. Cela signifie que nous avons la capacité innée de comprendre certaines vérités sur Dieu. Et ayant été recréés en Christ (2 Corinthiens 5:17) et grâce à l'éclairage continu du Saint-Esprit qui demeure en nous (1 Corinthiens 2:13), nous *pouvons* connaître Dieu de plus en plus. Même après 25 ans de ministère, le désir ou l'objectif persistant de Paul était le suivant : « Je veux connaître Christ » (Philippiens 3:10). Que cela soit également notre objectif ultime.

Bénédiction n°4 : Elle produit de la joie dans nos cœurs.

Le Catéchisme de Westminster affirme que le but principal de l'homme est de glorifier Dieu et de se réjouir en Lui pour toujours. À mesure que nous grandissons dans notre connaissance de Dieu, notre amour pour Lui augmente, tout comme notre obéissance. En conséquence, le Saint-Esprit produit plus de joie dans nos vies (Galates 5:22). Comme sont encourageantes les paroles du célèbre prédicateur, Charles Spurgeon :

> *Plongez dans la mer la plus profonde de la Divinité, perdez-vous dans son immensité et vous sortirez rafraîchi et revigoré. Je ne connais rien qui puisse autant réconforter l'âme, autant calmer les flots gonflés de la tristesse et du chagrin, autant apaiser les vents de l'épreuve qu'une méditation pieuse sur le sujet de la Divinité.*

Bénédiction n°5 : Elle nous aide à répondre à la souffrance de manière biblique.

La souffrance est une réalité dans un monde brisé (Romains 8:20). Même les chrétiens n'y sont pas immunisés. Et souvent, il n'existe pas de réponses parfaites ou même acceptables à la souffrance à laquelle nous sommes confrontés. Dans de tels moments, nous serons tentés de remettre en question les voies de Dieu, de sombrer dans le découragement et le désespoir, et même de nous éloigner de Lui. Cependant, à mesure que nous grandissons dans notre compréhension de Sa nature, notre confiance en Lui augmente. Et à mesure que cela se produit, au lieu de chercher « pourquoi » de la souffrance, nous trouverons le repos/la paix en Dieu, sachant qu'Il ne nous a pas abandonnés et qu'Il nous ramènera sains et saufs dans sa maison comme Il l'a promis (Philippiens 1:6).

Job, cet homme pieux a constaté que c'était vrai. Il a dû faire face à d'inimaginables souffrances et s'interrogeais sur de nombreuses questions qu'il aurait souhaité pouvoir poser directement à Dieu (Job 13:3). Mais lorsque Dieu s'est finalement révélé à Job, non seulement Job a mis ses mains sur sa bouche, mais il s'est aussi repenti d'avoir dit des choses qu'il ne comprenait pas (Job 40:4, 42:4-6). Et même si Job n'a pas obtenu réponses à ses questions, il pouvait se reposer en grandissant simplement dans sa compréhension de Dieu. Il en va de même pour vous et moi. Plus nous comprenons le caractère de Dieu, plus nous gérerons la souffrance d'une manière biblique, c'est-à-dire en continuant à nous accrocher à Lui par la foi, sans remettre en question Ses voies, sans tomber dans le découragement et le désespoir, et sans nous éloigner de Lui.

J'espère que ces cinq bénédictions nous motiveront à poursuivre une étude permanente des attributs de Dieu. Mais avant d'étudier Ses attributs, examinons quelques vérités fondamentales sur ce sujet.

VÉRITÉS FONDAMENTALES CONCERNANT LES ATTRIBUTS DE DIEU

Qu'est-ce que c'est un attribut? Un attribut est une qualité ou une caractéristique inhérente à une personne. Lorsque nous parlons des attributs de Dieu, nous parlons des diverses qualités inhérentes et permanentes à Sa nature et qui nous sont révélées dans les Écritures.

Ce que ce n'est pas. Les différents attributs de Dieu ne sont pas des parties constitutives de Dieu. En d'autres termes, Dieu n'est pas composé à 10 % d'amour, à 15 % de sainteté, à 5 % de miséricorde, etc. Chacun de ces attributs décrit Son être dans sa totalité. Par exemple, l'amour ne fait pas partie de la nature de Dieu ; Dieu, dans tout son être, *est* amour. La sainteté ne fait pas partie de la nature de Dieu ; Dieu *est* saint dans tout son être. La justice ne fait pas partie de la nature de Dieu ; Dieu *est* juste dans tout son être.

Dieu ne peut pas non plus compromettre l'un de ses attributs tout en en manifestant un autre. En d'autres termes, le même Dieu qui est amour (1 Jean 4:8) est aussi le même Dieu qui manifeste sa colère (Psaume

5:5). Il est donc important de ne pas conclure que parce que « Dieu est amour, » il finira par sauver tous les hommes. Celui qui est amour est aussi saint et manifeste sa colère. C'est pourquoi l'affirmation « Dieu aime le pécheur mais haît le péché » doit être formulée avec beaucoup de prudence.

Bien que Dieu sauve les pécheurs repentants en raison de sa nature aimante, il doit et jugera finalement les pécheurs impénitents en les jetant dans l'enfer éternel en raison de son caractère saint. Dieu ne punit pas seulement le péché. Il punit également le pécheur qui persiste dans le péché sans se tourner vers Lui par la foi en son Fils, Jésus-Christ. C'est pourquoi, lorsque nous étudions les attributs de Dieu, nous devons faire attention à ne pas mettre l'accent sur l'un de Ses attributs au détriment des autres. Dieu est la somme de toutes les perfections.

Les attributs de Dieu peuvent être généralement classés en deux catégories : transmissibles et non-transmissibles.

Attributs non-transmissibles. Ce sont des attributs qui appartiennent exclusivement à Dieu. Ils ne nous sont pas transmis. Citons par exemple l'existence de Dieu lui-même, son omnipotence, son omniscience, son omniprésence, etc.

Attributs transmissibles. Ce sont des attributs de Dieu que nous pouvons posséder dans une certaine mesure.

Par exemple, l'amour, la miséricorde, la compassion, etc.

Je reconnais qu'il n'est pas toujours facile de classer certains attributs comme appartenant strictement à une catégorie et non à une autre. Par exemple, alors que l'omniscience est un attribut non-transmissible, nous, les humains, possédons une connaissance, même si elle est limitée par rapport à celle du Dieu omniscient. Nous devons donc faire attention à ne pas trop nous concentrer sur la catégorie d'attributs. Au lieu de cela, nous devons nous concentrer sur l'étude des attributs eux-mêmes.

Avec ces pensées préliminaires, étudions dans la prière quelques-uns des attributs de Dieu dans les pages suivantes.

La sainteté de Dieu

La sainteté de Dieu ne fait pas seulement référence à Sa séparation complète du péché sous toutes ses formes, mais aussi au fait qu'Il est entièrement pur et séparé du reste de Sa création.

Peut-être que cette analogie pourrait nous aider à mieux comprendre la description ci-dessus de la sainteté de Dieu :

> *Que signifie être en bonne santé? Ce n'est pas seulement l'absence de maladie, mais aussi une infusion positive d'énergie. La sainteté est l'absence du mal et la présence du bien positif. En Dieu, Sa sainteté est une pureté d'être et de nature ainsi que de volonté et d'acte.*

Selon un écrivain, Paul Enns :

> *Beaucoup considèrent la sainteté [de Dieu] comme l'attribut le plus important de tous, car elle imprègne tous les autres attributs de Dieu et est cohérente avec*

tout ce qu'Il est et fait. La sainteté de Dieu englobe plusieurs caractéristiques.

D'une manière transcendante, « Il est absolument distinct de toutes Ses créatures et est exalté au-dessus d'elles dans une majesté infinie... Ésaïe 57:15 décrit Sa transcendance : Il est « élevé et exalté », vivant dans un « lieu élevé et saint. »

L'éthique nous indique qu'il est « séparé du mal (diable) ou du péché. » La « sainteté » fait référence à la pureté majestueuse de Dieu, ou à sa majesté éthique. Le fondement de cefait est indiqué dans Lévitique 11:44,45 : « Soyez saints, car je suis saint. » Parce que Dieu est moralement pur, il ne peut pas pardonner le mal ni avoir de relation avec lui (Psaume 11:4-6). Dans sa sainteté, Dieu est la norme morale et éthique ; il est la loi. Il établit la norme.

Dans les Ecritures, un seul attribut de Dieu est mentionné trois fois de suite : Sa sainteté. La sainteté, « comme aucune autre, est célébrée solennellement devant le trône du ciel, les séraphins criant : Saint, saint, saint est l'Éternel des armées » (Esaïe 6:3). En effet, la sainteté pourrait bien être « l'attribut de tous les attributs. »

Nous pouvons ainsi voir la sainteté de Dieu se manifester dans au moins trois domaines.

1. LA SAINTETÉ DE DIEU EST DÉMONTRÉE PAR SA NATURE

La sainteté de Dieu signifie qu'Il est complètement séparé du péché. Cette vérité est évidente dans 1 Jean 1:5, où il est dit : « Dieu est lumière. » Remarquez que le texte ne dit pas que Dieu est une lumière parmi tant d'autres lumières ou que Dieu a de la lumière. Au lieu de cela, il dit que Dieu *est* lumière. Tout comme « Dieu est esprit » (Jean 4:24a) et « Dieu est amour » (1 Jean 4:8b), Dieu est également saint dans son essence. Voici quelques versets qui mettent en évidence ce thème :

> **Exode 15:11** – *Qui est comme toi parmi les dieux, ô Éternel? Qui est comme toi magnifique en sainteté, Digne de louanges, Opérant des prodiges?*

> **1 Samuel 2:2** – *Nul n'est saint comme l'Éternel; Il n'y a point d'autre Dieu que toi; Il n'y a point de rocher comme notre Dieu.*

2. LA SAINTETÉ DE DIEU EST DÉMONTRÉE PAR SES ŒUVRES

La sainteté de Dieu se voit non seulement dans sa nature, mais aussi dans toute la création et dans les Écritures.

Dans la Création. Genèse 1:31 indique clairement que lorsque Dieu a créé toutes choses à l'origine, tout était pur et sans péché.

Dans les Écritures, Romains 7:12 dit : « Ainsi donc, la loi est sainte, et le commandement est saint, juste et bon ». C'est pourquoi la Bible est appelée « la Sainte Bible. »

Ainsi, tant dans la création, aussi connue sous le nom de révélation générale de Dieu, qui est de nature limitée, que dans les Écritures, aussi connues sous le nom de révélation spéciale de Dieu, où Il se révèle davantage, la sainteté de Dieu est démontrée par ses œuvres. Selon l'écrivain Stephen Charnock, « La puissance est la main de Dieu, l'omniscience son œil, la miséricorde ses entrailles, l'éternité sa durée, mais la sainteté est sa beauté. » Il n'est pas étonnant que ceux qui sont libérés de la puissance du péché voient la sainteté de Dieu comme le plus beau de tous ses attributs.

3. LA SAINTETÉ DE DIEU EST DÉMONTRÉE PAR SA RÉPONSE AU PÉCHÉ

L'apôtre Jean *renforce* l'affirmation positive de la vérité selon laquelle « Dieu est lumière » (1 Jean 1:5a) par cette déclaration : « En lui, il n'y a aucune obscurité » (1 Jean 1:5b). Puisque Dieu est lumière, il ne peut pas être l'opposé de la lumière, qui est obscurité. Et tout comme la lumière ne peut pas être contaminée, Dieu ne peut pas avoir d'obscurité en lui. C'est pourquoi Dieu déteste toutes les formes de péché, car l'obscurité fait référence au péché (Jean 3:19).

Nous lisons la réaction de Dieu au péché dans Habacuc 1:13 : « Tes yeux sont trop purs pour voir le mal, Et tu ne peux pas regarder l'iniquité. » Tout comme Dieu aime parfaitement ce qui est pur, Il déteste aussi parfaitement ce qui est impur ou profane. Proverbes 15:9 déclare : « L'Éternel A en horreur la voie des méchants, mais il aime ceux qui poursuivent la justice. » Et parce que Dieu déteste le mal, Il doit aussi punir ce qui est mal. Le déluge à l'époque de Noé, la destruction de Sodome et Gomorrhe, et le jugement du Pharaon et des Égyptiens pour avoir asservi les Juifs sont quelques exemples qui prouvent ce fait.

Mais l'exemple suprême de la haine de Dieu pour le péché se voit dans le jugement de son Fils Jésus, qui a porté nos péchés sur la croix. Lorsque le Seigneur Jésus a porté nos péchés sur la croix, Dieu a déchaîné toute sa fureur sur son Fils bien-aimé. Dieu n'a pas réduit sa sainteté parce que son Fils a souffert sur la croix. Il n'a pas abaissé son niveau de justice pour répondre aux besoins de son Fils. C'est à ce point que Dieu déteste le péché. Il ne fait jamais de compromis avec les ténèbres.

NOTRE RÉPONSE À LA SAINTETÉ DE DIEU

Alors, quelle doit être notre réaction face à la sainteté de Dieu? L'apôtre Pierre l'exprime très bien dans 1 Pierre 1 :14-16 (tiré de Lévitique 11 :44-45 et 19.2), qui déclare : « Comme des enfants obéissants, ne vous conformez pas aux convoitises que vous aviez autrefois, quand vous étiez dans l'ignorance. Mais, puisque celui qui vous a appelés est saint, vous aussi soyez saints dans toute votre conduite, selon qu'il est écrit : Vous serez saints, car je suis saint » Comme l'a si bien déclaré l'écrivain Stephen Charnock : « C'est la meilleure façon d'honorer Dieu. Nous ne glorifions pas Dieu par des admirations élevées, des expressions éloquentes ou des services pompeux, mais lorsque nous aspirons à converser avec lui avec des esprits sans tache et à vivre *pour* lui en vivant *comme* lui. »

Dans l'enseignement de notre Seigneur sur la manière dont nous devons prier, la première partie de la requête commence par : « Que ton nom soit sanctifié » (Matthieu 6:9). Et la meilleure façon d'honorer un Dieu saint est de vivre nous-mêmes une vie sainte. L'imitation est la bonne réponse à l'admiration! Cette ancienne prière du croyant capture bien l'essence du désir d'un croyant d'être saint puisque Dieu est saint :

Mon Dieu,

Je sens que c'est le paradis de te plaire et d'être ce que tu veux que je sois. Oh, si j'étais saint comme toi, pur comme le Christ est pur, parfait comme l'Esprit est parfait!

Voilà, je pense, les meilleurs commandements de ton Livre, et dois-je les enfreindre? Dois-je les enfreindre? Suis-je dans une telle nécessité tant que je vivrai ici?

Malheur, malheur à moi d'être un pécheur, d'attrister ce Dieu béni, qui est infini en bonté et en grâce…

Que ferai-je pour glorifier et adorer ce meilleur des êtres? Oh! si je pouvais consacrer mon âme et mon corps à son service, sans retenue, pour toujours!

Oh, si je pouvais m'abandonner à lui, pour ne plus jamais tenter d'être à moi, ni avoir une volonté ou des affections qui ne soient parfaitement conformes à sa volonté et à son amour!

Hébreux 12:14b dit clairement que « sans la sainteté, personne ne verra le Seigneur. » Le but de Dieu en disciplinant ses enfants est qu'ils puissent « participer à sa sainteté » (Hébreux 12:10b). Il nous est commandé de nous séparer de tout ce qui « souille la chair et l'esprit, en achevant la sanctification dans la crainte de Dieu » (2 Corinthiens 7:1b). Nous devons continuellement nous présenter « comme un sacrifice vivant, saint et agréable à Dieu » (Romains 12:1b). Ces versets ne nous appellent-ils pas à une lutte radicale contre le péché et à une recherche incessante de la sainteté alimentée par Sa grâce et par la confiance dans le Saint-Esprit?

C'est pourquoi le point de départ pour ceux qui n'ont jamais placé leur foi en Jésus est de se tourner vers Lui sans tarder. Vous ne pouvez pas échapper à ce Dieu saint. La Bible dit clairement qu'un jugement futur est à venir. Et si vous mourez sans que vos péchés soient pardonnés par Jésus, votre avenir est vraiment très sombre. Le lieu de résidence final de toutes ces personnes sera l'étang de feu (Apocalypse 20:14), également appelé l'enfer (Matthieu 5:29), où ils passeront l'éternité dans la douleur et le tourment conscients. L'enfer est également l'endroit où Satan et ses démons seront jetés pour un châtiment éternel (Apocalypse 20:10; Matthieu 25:41).

Je vous lance donc un appel sincère et plein d'amour : détournez-vous de vos péchés et tournez-vous vers le Christ aujourd'hui. « Aujourd'hui, si vous entendez Sa voix, n'endurcissez pas vos cœurs » (Hébreux 4:7b). Jésus est le seul moyen par lequel vos péchés peuvent être pardonnés. C'est par Jésus seul que vous pouvez être réconciliés avec ce Dieu saint. Appelez Jésus pour qu'il vous sauve et, de cette façon, expérimentez la joie d'avoir vos péchés effacés. Et alors (et seulement alors) vous aurez la puissance de poursuivre un style de vie saint par le Saint-Esprit, à la fois en pensée et en action.

Rappelez-vous : « Dieu est lumière, et il n'y a point en lui de ténèbres » (1 Jean 1:5). Dieu n'a rien à voir avec les ténèbres, et en tant que ses enfants, nous ne pouvons pas non plus avoir affaire aux ténèbres. Les voies de Dieu sont toujours les meilleures parce qu'elles sont la voie de la sainteté. C'est la voie de la vie et de la lumière; il n'y a aucune raison de trébucher ou d'errer. Plus notre vision de Dieu est élevée, plus notre chemin sera saint. Que notre attitude envers ce Dieu saint soit celle de ce petit garçon qui, alors qu'il refusait de faire le mal, fut taquiné par son ami qui lui disait : « Tu as peur que ton père te fasse du mal. » Il répondit avec justesse : « Pas vraiment. J'ai peur de lui *faire* du mal. »

C'est l'état d'esprit de celui qui ne marche plus dans les ténèbres mais dans la lumière. Nous haïssons le péché parce qu'il blesse Dieu. Nous haïssons le péché non seulement pour ce qu'il nous fait, mais surtout pour ce qu'il fait à notre Sauveur bien-aimé. Alors, s'il y a un péché dont nous devons nous détourner, faisons-le sans tarder en nous appuyant sur la puissance du Saint-Esprit!

QUESTIONS DE DISCUSSION --

1. Comment ce chapitre a-t-il affecté votre vision de la sainteté de Dieu?

2. Quels changements de vie pourriez-vous apporter à la lumière de cet attribut de Dieu?

3. Comment cet attribut de Dieu affecte-t-il vos prières?

4. Comment cet attribut de Dieu affecte-t-il votre évangélisation?

VERSET BIBLIQUE POUR LA MÉDITATION/MÉMORISATION -----------------------

Exode 15:11 – *Qui est comme toi parmi les dieux, ô Éternel? Qui est comme toi magnifique* *en sainteté, Digne de louanges, Opérant des prodiges?*

PRIÈRE---

Seigneur, rends-moi aussi saint qu'un pécheur pardonné peut l'être.

La puissance de Dieu

La puissance de Dieu fait référence à sa capacité à faire tout ce qu'il prévoit de faire conformément à son caractère saint.

David a dit dans le Psaume 62:11b : « C'est que la force est à Dieu. » La force et la puissance appartient à Dieu et à Dieu seul. Le terme « Tout-Puissant » (Genèse 17:1; Exode 6:3; 2 Corinthiens 6:18; Apocalypse 1:8) signifie que Dieu seul possède tout pouvoir et toute autorité. Il apparaît plus de 50 fois dans la Bible et est utilisé pour décrire Dieu seul. *Omnipotence,* un autre mot utilisé pour décrire Dieu comme étant tout-puissant, est dérivé de 2 mots latins : *omni,* qui signifie tout, et *potens,* qui signifie puissant. En fait, le mot « puissance » est également utilisé comme nom de Dieu, comme on le voit dans Marc 14:62 Lorsque Jésus dit aux chefs religieux : « Vous verrez le Fils de l'homme assis à la droite du Tout-Puissant » (ou « à la droite de la Puissance »). Au lieu de dire à la droite de Dieu, Jésus dit à la droite du Tout-Puissant ou de la Puissance, ce qui implique que Dieu et la puissance sont indissociables.

La puissance de Dieu est différente de la nôtre. Notre puissance est empruntée, acquise de l'extérieur, de Dieu. La puissance de Dieu est inhérente à Lui-même. Il n'a pas besoin de dépendre des autres pour sa puissance ou de les consulter sur la manière dont Il peut ou ne peut pas utiliser Sa puissance. Il est le Tout-Puissant!

L'écrivain Stephen Charnock a dit à juste titre :

La puissance de Dieu est cette capacité et cette force par lesquelles Il peut réaliser tout ce qu'Il veut, tout ce que Sa sagesse infinie peut diriger, et tout ce que l'infinie pureté de Sa volonté peut résoudre... Comme la sainteté est la beauté de tous les attributs de Dieu, ainsi la puissance est ce qui donne vie et action à toutes les perfections de la nature divine.

Combien seraient vains les conseils éternels, si la puissance n'intervenait pas pour les exécuter. Sans puissance, Sa miséricorde ne serait qu'une faible lamentation, Ses promesses un son creux, Ses menaces un épouvantail. La puissance de Dieu est comme lui-même : infinie, éternelle, incompréhensible ; elle ne peut être ni arrêtée, ni restreinte, ni contrariée par la créature.

Ainsi, la question « Y a-t-il des choses trop difficiles pour le Seigneur ? » (Genèse 18:14; Jérémie 32:27) implique la réponse évidente : « Ah! Seigneur Éternel, Voici, tu as fait les cieux et la terre

Par ta grande puissance Rien n'est trop difficile pour toi. » (Jérémie 32:17). Job affirme le pouvoir de Dieu de tout faire en ces termes : « Je reconnais que tu peux tout, Et que rien ne s'oppose à tes pensées. » (Job 42:2).

Il y a cependant quelques choses que nous devons comprendre lorsque nous étudions la puissance de Dieu.

Premièrement, même si Dieu *peut* tout faire, *il ne fera rien qui soit incompatible avec son caractère saint.* Dieu s'est lui-même imposé certaines limites. Par exemple, Dieu ne peut pas mentir (Tite 1:2), Dieu ne peut pas être tenté de pécher (Jacques 1:13) et Il ne peut pas se renier lui-même (2 Timothée 2:13). Dieu n'agira pas non plus contrairement à sa Parole. Par exemple, Dieu n'a pas choisi de sauver tout le monde. Seuls ceux qui se repentent de leurs péchés et se tournent vers son Fils, Jésus, avec foi, seront sauvés. D'autres seront condamnés à l'enfer, peu importe à quel point ils plaideront le Jour du Jugement Dernier!

Deuxièmement, dans certaines situations, Dieu peut choisir de *ne pas* montrer sa puissance. Ce ne sont pas des situations qui obligeraient Dieu à compromettre son caractère saint s'il montrait sa puissance. Au contraire, dans ces situations, Dieu choisit de ne pas montrer sa puissance pour ses propres raisons. Par exemple, Dieu n'a pas épargné son Fils de la croix (Romains 8:32). Il n'a pas épargné beaucoup de ses enfants d'une mort cruelle (par exemple, Abel dans Genèse 4:8 et Étienne dans Actes 7:59-60). Aurait-Il pu montrer sa puissance de délivrance dans ces situations ? Absolument! Cependant, il ne l'a pas fait parce que son plan était que ces individus subissent ce qu'ils ont subi.

De la même manière, vous et moi devrons parfois traverser certains événements douloureux, non pas parce que Dieu n'a pas le pouvoir de nous délivrer, mais parce que cela ne fait tout simplement pas partie de Son plan global. C'est ce que nous voulons dire lorsque nous disons que Dieu est souverain. Il exerce son règne sur Sa création en tant que Souverain ou Roi. Nous devons donc faire attention à ne pas *mal citer* des versets, tels que « à Dieu tout est possible. » (Matthieu 19:26), comme si Dieu nous donnerait *toujours* un résultat « favorable. » Nous devons nous rappeler que Dieu peut et montre souvent Son pouvoir pour nous délivrer des épreuves. Pourtant, il y a aussi certaines occasions, conformément à Ses desseins, où Il ne supprime pas l'épreuve mais nous garde en sécurité pendant celle-ci. Ceci demande également de la puissance!

LA MANIFESTATION DE LA PUISSANCE DE DIEU

Il y a au moins huit domaines dans lesquels nous voyons la puissance de Dieu se manifester en nous, telle qu'elle est révélée dans les Écritures. Certains concernent le passé, d'autres le présent et d'autres encore le futur.

1. Dans la création de l'univers. La Bible débute avec cette déclaration : « Au commencement, Dieu créa les cieux et la terre » (Genèse 1:1). D'emblée, nous sommes confrontés à la puissance de Dieu. Qui peut créer cet univers entier à partir de rien, simplement par une parole? Seul Dieu le peut! Les deux premiers chapitres de la Genèse nous donnent des détails sur les événements de la création qui parlent de la puissance de Dieu. Remarquez l'utilisation répétée de l'expression « Et Dieu dit » (par exemple, Genèse 1:3, 6, 9), et la façon dont les éléments appropriés de la création sont apparus immédiatement, comme le montre l'expression « Et cela fut ainsi » (Genèse 1:7, 9, 11). Cela traduit une puissance incroyable!

Même sans la révélation spéciale de Dieu par la Bible, on nous dit que, selon Romains 1:20, la création elle-même témoigne de la puissance de Dieu. En d'autres termes, la création témoigne d'un Créateur. C'est pourquoi personne ne peut s'excuser de nier l'existence de Dieu.

2. Pour soutenir l'univers. Non seulement Dieu a créé l'univers, mais il est aussi celui qui le soutient. Et cela aussi, il le fait par sa parole puissante. Hébreux 1:2b-3 déclare : « le Fils, qu'il a établi héritier de toutes choses, par lequel il a aussi créé le monde, et qui, étant le reflet de sa gloire et l'empreinte de sa personne, et soutenant toutes choses par sa parole puissante, » Jésus, par sa puissance, soutient l'univers tout entier. Dans les évangiles, nous voyons fréquemment la puissance de Jésus sur la nature. Même aujourd'hui, la puissance de Dieu empêche les eaux de recouvrir la terre. Sa puissance fixe même des limites aux catastrophes, comme les tremblements de terre. C'est la puissance de Dieu qui soutient également les êtres humains. La puissance de Dieu soutient un petit bébé dans le ventre de sa mère et pendant toute la durée de sa vie. De plus, même à l'âge adulte, c'est la puissance de Dieu qui nous soutient.

3. Dans la lutte contre le mal. Bien que Dieu, avec sa puissance, bannira tout mal de l'univers au Jugement Dernier, il utilise Sa puissance maintenant pour empêcher le mal de suivre son cours. Souvent, nous sommes choqués par les événements qui décrivent les actes horribles de personnes mauvaises. Le fait que de telles actions ne soient pas *toujours* commises prouve que Dieu contrôle/retient le mal. La dépravation humaine aidée par la puissance satanique peut toujours faire beaucoup de mal (Genèse 6:5 ; Romains 3:14-18). Mais, heureusement, Dieu, dans sa puissance, a placé des restrictions. Même lorsque Satan a attaqué Job, il était toujours limité par la puissance de Dieu pour ne pas infliger plus de dégâts que ce qui lui était permis (Job 1:12, 2:6).

4. *En délivrant son peuple.* Des événements comme l'Exode sont une démonstration claire de la puissance de Dieu. Exode 15:6 nous dit : « Ta droite, ô Éternel! a signalé sa force; Ta droite, ô Éternel! a écrasé l'ennemi. » La main droite symbolisait la grande puissance de Dieu. Les victoires ultérieures à Canaan sous la direction de Josué, puis sous celle de David, sont des exemples clairs de la puissance de Dieu pour la délivrance de son peuple.

5. *Dans la conquête de la maladie et de la mort.* À de nombreuses reprises au cours de son ministère terrestre, le Seigneur Jésus a démontré ce pouvoir de guérir de nombreuses maladies par une parole ou un léger contact. Tout cela avait pour but de montrer qu'il était le Messie, et qu'en tant que Messie, lorsqu'il établira le Royaume de Dieu dans toute sa gloire dans le futur, personne n'aura besoin d'être guéri parce qu'il n'y aura plus de maladies.

Cependant, la puissance la plus incroyable démontrée par Dieu, c'est lorsqu'Il a ressuscité Jésus d'entre les morts. Et par cette résurrection, Jésus montre qu'Il a le pouvoir de vaincre la maladie et la mort. Comment cela? La maladie et la mort sont entrées dans ce monde à cause du péché (Romains 5:12, 6:23). Et puisque le paiement pour les péchés a été entièrement effectué, et que la résurrection en est la preuve (Romains 4:24-25), un jour, la maladie et la mort seront également entièrement éliminées (Apocalypse 21:1-4).

6. *En changeant des vies.* La puissance de Dieu change des vies humaines comme en témoignent les trois étapes de notre salut : la justification (du passé), la sanctification (du présent) et enfin la glorification (du futur).

Dans la justification. Si nous sommes enfants de Dieu, comment sommes-nous passés de la haine envers Dieu à l'amour de Dieu? Grâce à l'Évangile! Et l'Évangile est décrit par Paul de cette manière : « Car je n'ai point honte de l'Évangile : c'est une puissance de Dieu pour le salut de quiconque croit, » (Romains 1:16). L'Évangile *est* la puissance de Dieu. Par cet évangile puissant, Dieu rend les gens justes devant lui, un acte connu sous le nom de justification. C'est par cet évangile que nous recevons une vie nouvelle.

Dans la sanctification. Quand on devient enfant de Dieu, on possède aussi ce pouvoir de résurrection par la présence du puissant Saint-Esprit qui habite en nous. Ce pouvoir qui nous est donné par le Saint-Esprit nous permet non seulement d'être des témoins, « Mais vous recevrez une puissance, le Saint Esprit survenant sur vous, et vous serez mes témoins à Jérusalem, dans toute la Judée, dans la Samarie, et jusqu'aux extrémités de la terre. » (Actes 1:8), mais aussi de vivre une vie sainte, puisque «sa divine puissance nous a donné tout ce qui contribue à la vie et à la piété, au moyen de la connaissance de celui qui nous a appelés par sa propre gloire et par sa vertu, » (2 Pierre 1:3).

Un chrétien qui a discuté de questions religieuses avec un bouddhiste lui a demandé ce qu'il pensait du christianisme. Le bouddhiste lui a répondu : « Je trouve beaucoup de similitudes entre nos enseignements. Mais il y a une chose que je trouve dans votre foi et que la mienne n'a pas : ma foi me dit ce que je dois faire. Mais elle ne me donne pas le pouvoir de le faire. *La vôtre me donne le pouvoir.* »

Dans la glorification. Cela fait référence au futur où nous recevrons de nouveaux corps ressemblant à celui de Jésus. Et ce nouveau corps sera libéré du péché, de la souffrance et de la mort. Tout cela se produira lorsque Jésus reviendra. Philippiens 3:20-21 dit : « Mais notre cité à nous est dans les cieux, d'où nous attendons aussi comme Sauveur le Seigneur Jésus Christ, qui transformera le corps de notre humiliation, en le rendant semblable au corps de sa gloire, par le pouvoir qu'il a de s'assujettir toutes choses. »

Et si nous doutons que notre salut soit assuré jusqu'à ce que cette glorification ait lieu, nous pouvons être réconfortés. Pierre nous rappelle que la puissance de Dieu gardera *les vrais* croyants en sécurité jusqu'à ce qu'ils soient glorifiés. Nous lisons dans 1 Pierre 1:5 que nous sommes « protégés par la puissance de Dieu jusqu'à l'avènement du salut prêt à être révélé dans les derniers temps. »

7. *Au jugement des méchants.* Genèse 6-8 révèle la puissance de Dieu quand Il a jugé a méchanceté des hommes du temps de Noé et qu'Il a provoqué le déluge. Apocalypse 19-20 décrit comment Dieu, dans Sa puissance, jugera un jour Satan, ses démons et tous les incroyants qui se sont rebellés contre Lui. Ce jugement aura pour résultat qu'ils seront jetés dans l'étang de feu, l'enfer, un lieu de destruction éternel. Personne ne pourra résister à Sa puissance à ce moment-là, tout comme personne n'a pu résister à Sa puissance lors du déluge.

De plus, la puissance de Dieu sera visible en ce que, même s'ils souffriront un tourment éternel dans l'étang de feu, leurs corps ne périront pas. Pourquoi? Parce que Dieu leur donnera des corps adaptés à l'enfer, tout comme Il donnera aux croyants des corps idéaux pour le ciel. (Apocalypse 20:12 fait référence à tous les incroyants morts *qui se tiendront* devant le grand trône blanc au Jour du Jugement. Jésus Lui-même, dans Jean 5:29, a parlé de ceux qui font le mal et qui seront *ressuscités* pour être condamnés. Ainsi, les incroyants recevront également de nouveaux corps adaptés à l'enfer).

8. *Dans la création d'un nouveau monde.* Apocalypse 21 et 22 décrivent la puissance de Dieu qui détruit l'univers actuel par le feu et crée un nouveau ciel et une nouvelle terre. C'est dans ce lieu que nous (c'est-à-dire tous les croyants) demeurerons en présence de ce grand Dieu pour toujours et à jamais.

Ainsi, dans au moins huit domaines, Dieu nous a révélé sa puissance. Avant de décrire comment la connaissance de la puissance de Dieu devrait affecter notre vie quotidienne, permettez-moi de dire ceci : notre compréhension de la puissance de Dieu est encore très, très limitée. Ce grand homme de Dieu, Job, comprenait cette limitation. C'est pourquoi, après avoir décrit l'incroyable puissance de Dieu dans les versets 6 à 13, il a confessé dans Job 26:14 : « Et ce ne sont là que les extrémités de ses œuvres; quel murmure nous en entendons parler! Qui donc peut comprendre le tonnerre de sa force? » Ce ne sont que des murmures de sa puissance, dit Job. Voilà à quel point notre connaissance de la puissance de Dieu est limitée!

Cependant, le manque de connaissance complète de la puissance de Dieu (et de ses autres attributs) ne doit pas nous décourager. Nous devons continuer à désirer augmenter notre connaissance autant que Dieu nous le permet. Et cette connaissance doit conduire à une application pratique, au moins dans trois aspects spécifiques la concernant.

NOUS DEVONS LE CRAINDRE

Dans le psaume 33, nous lisons : « Les cieux ont été faits par la parole de l'Éternel, Et toute leur armée par le souffle de sa bouche. Il amoncelle en un tas les eaux de la mer, Il met dans des réservoirs les abîmes. » Les deux versets suivants décrivent quelle devrait être notre réaction à la lumière de Dieu en tant que

Créateur tout-puissant : « Que toute la terre craigne l'Éternel! Que tous les habitants du monde tremblent devant lui! Car il dit, et la chose arrive; Il ordonne, et elle existe. » (Psaume 33:8-9). La crainte et la crainte doivent être la réponse appropriée. Dieu doit être craint et vénéré, et non pris à la légère! *Tous* ses commandements doivent être obéis, chacun d'eux sans murmurer ni poser de questions.

La raison pour laquelle de nombreux non-croyants nient l'existence de Dieu est la suivante : en le niant, ils ne ressentent pas le besoin de rendre des comptes à qui que ce soit, en particulier à Celui qui les a créés. Et s'il n'y a pas de responsabilité, il n'y aura pas de crainte du jugement. Et le résultat : ils ont l'impression qu'ils peuvent vivre comme ils le souhaitent! Lorsque l'on nie Dieu comme Créateur, tous les autres aspects, tels que Dieu comme Juge et Rédempteur, n'ont aucun sens. C'est pourquoi il est essentiel de commencer notre présentation de l'Évangile avec Dieu comme Créateur (Genèse 1:1), et non Dieu comme Juge, Amour ou Rédempteur. S'il n'y a pas de responsabilité envers Celui qui nous a créés, alors il n'y a pas de fondement solide sur lequel construire la bonne nouvelle.

NOUS DEVONS LE LOUER

Si nous avons Dieu à nos côtés (et c'est le cas si nous sommes ses enfants), nous devons le louer constamment pour sa puissance. Sa main puissante nous a délivrés de la mort éternelle pour nous donner la vie éternelle. Il nous a protégés de sa colère puissante qui est à venir. Il nous conduira sains et saufs vers la maison. Et une telle vérité exige une louange et une adoration constantes. Il n'est pas étonnant que Moïse ait chanté ce chant, le premier chant enregistré dans la Bible :

> **Exode 15:11-13** – *Qui est comme toi parmi les dieux, ô Éternel? Qui est comme toi magnifique en sainteté, Digne de louanges, Opérant des prodiges? Tu as étendu ta droite: La terre les a engloutis. Par ta miséricorde tu as conduit, Tu as délivré ce peuple; Par ta puissance tu le diriges Vers la demeure de ta sainteté.* »

NOUS DEVONS LUI FAIRE CONFIANCE

Dans Luc 1:37, nous lisons que Gabriel a révélé à Marie qu'elle, en tant que vierge, porterait le Messie : « Rien n'est impossible à Dieu. » L'idée est qu'aucune parole ou promesse de Dieu ne sera jamais sans effet, car rien ni personne ne peut empêcher un Dieu tout-puissant d'accomplir tous ses desseins. Marie croyait ces vérités sur Dieu. C'est pourquoi elle a répondu : « Je suis la servante du Seigneur; qu'il me soit fait selon ta parole! » (Luc 1:38). Elle avait implicitement confiance dans la puissance de Dieu pour tenir ses promesses, quelles que soient les conséquences terrestres auxquelles elle pourrait faire face. Et Dieu a tenu sa parole même si

Marie a dû faire face à des difficultés, à commencer par le désir initial de Joseph de rompre les fiançailles!

Comme Marie, avec une attitude humble et confiante, nous devons, nous aussi, croire que la puissance de Dieu nous aidera à surmonter les épreuves de la vie. Et cette croyance doit se traduire par l'obéissance à ses commandements, quelle que soit la situation. Nous devons nous rappeler que ce Dieu tout-puissant est aussi un Dieu tout-aimant qui n'abandonnera jamais ses enfants (Hébreux 13:5).

Revenons au Psaume 62, cette fois-ci, examinons les versets 11 et 12 : « Dieu a parlé une fois; Deux fois j'ai entendu ceci: C'est que la force est à Dieu. A toi aussi, Seigneur! la bonté; Car tu rends à chacun selon ses oeuvres. » Remarquez que *l'amour* est accompagné de *puissance*. Où serions-nous si nous n'avions que la puissance de Dieu et aucun amour pour les pécheurs comme nous? Ou que serions-nous si nous n'avions que l'amour de Dieu sans la puissance d'accomplir les actes d'amour? Heureusement, ces deux qualités sont présentes dans leur plénitude avec Dieu. C'est pourquoi nous devons Lui faire confiance *sans broncher*. Il a promis d'être avec nous et de nous ramener chez nous en toute sécurité. Quoi qu'il arrive, nous pouvons confier nos âmes à Celui qui nous a créés et qui nous tient en sécurité entre ses mains. Joignons-nous à David, qui a dit : « Je me confie en Dieu, je ne crains rien : Que peuvent me faire des hommes? » (Psaume 56:11).

Faisons-lui confiance lorsqu'il nous dit que nous avons reçu le pouvoir de vaincre tout péché, toute tentation, toute peur et toute dépendance et de vivre une vie pieuse (Romains 6:18; 2 Pierre 1:3). Et que cette confiance se transforme en louange et en prière par lesquelles nous demandons continuellement à ce grand Dieu qui est le nôtre d'exercer cette puissance dans nos vies par le Saint-Esprit afin que nous puissions mener une vie sainte.

Si vous n'êtes pas chrétien, imaginez que ce Dieu déchaîne sa puissance contre vous. Quelle imprudence de votre part de penser que vous pouvez vous opposer à ce Dieu et gagner! Soyez prévenus. Un jugement arrive. Comment pouvez-vous échapper à ce Dieu Tout-Puissant? Tout comme aucun de ceux qui se moquaient de Dieu n'a survécu au déluge à l'époque de Noé, aucun de ceux qui se moquent de Dieu aujourd'hui n'échappera à son jugement par le feu.

Jésus nous a prévenus dans Luc 12:4-5 : « Je vous dis, à vous qui êtes mes amis : Ne craignez pas ceux qui tuent le corps et qui, après cela, ne peuvent rien faire de plus. Je vous montrerai qui vous devez craindre. Craignez celui qui, après avoir tué, a le pouvoir de jeter dans la géhenne; oui, je vous le dis, c'est lui que vous devez craindre. » Vous ne pouvez échapper au jugement de Dieu qu'en faisant confiance à Jésus. Lui seul peut vous délivrer de la colère à venir (1 Thessaloniciens 1:10). Prenez à cœur l'avertissement sévère du Psaume 2:12 : « Baisez le fils, de peur qu'il ne s'irrite, Et que vous ne périssiez dans votre voie, Car sa colère est prompte à s'enflammer. Heureux tous ceux qui se confient en lui! »

QUESTIONS DE DISCUSSION

1. Comment ce chapitre a-t-il affecté votre vision de la présence de Dieu?

2. Quels changements de vie pourriez-vous apporter à la lumière de cet attribut de Dieu?

3. Comment cet attribut de Dieu affecte-t-il vos prières?

4. Comment cet attribut de Dieu affecte-t-il votre évangélisation?

VERSET BIBLIQUE POUR LA MÉDITATION/MÉMORISATION

1 Chroniques 29:11-12 – *A toi, Éternel, la grandeur, la force et la magnificence, l'éternité et la gloire, car tout ce qui est au ciel et sur la terre t'appartient; à toi, Éternel, le règne, car tu t'élèves souverainement au-dessus de tout! C'est de toi que viennent la richesse et la gloire, c'est toi qui domines sur tout, c'est dans ta main que sont la force et la puissance, et c'est ta main qui a le pouvoir d'agrandir et d'affermir toutes choses.*

PRIÈRE ---

Père, Tu es le Dieu tout-puissant et omnipotent. Tu règnes sur toutes choses, y compris sur moi. Aide-moi à croire en Ton pouvoir libérateur et à me reposer sur lui, même quand il semble qu'il n'y ait aucun moyen. Protège-moi de la peur des gens. S'il te plaît, aide-moi à Te craindre davantage et à trouver le repos dans le fait que Tu peux me fournir tout ce dont j'ai besoin. Amen!

La présence de Dieu

La présence de Dieu fait référence à sa capacité à être toujours présent partout avec tout son être.

L es théologiens décrivent souvent cet attribut de Dieu comme l'omniprésence de Dieu. C'est l'un de ces attributs qui nous rappellent qu'il n'existe aucun endroit dans cet univers où Dieu ne soit pas présent. Où que nous allions, Il est là. Nous ne pouvons pas nous cacher de Lui. Nous ne pouvons pas non plus L'éloigner.

En parlant d'éloigner Dieu, saviez-vous que dans la plupart des états aux États-Unis, il existe une politique de contrôle de tout véhicule en panne sur l'autoroute lorsque les températures descendent sous 10 F? Vous trouverez ci-dessous une histoire particulière où cette politique a été appliquée.

Il y a quelques années, vers 3 heures du matin, un matin froid, un policier de l'État du Montana, Allan

Nixon a répondu à un appel concernant une voiture coincée sur l'accotement à l'extérieur de Great Falls, Montana. Il a localisé la voiture, coincée dans la neige profonde mais avec le moteur toujours en marche.

Le policier s'est dirigé vers la portière du conducteur et a trouvé un homme âgé évanoui derrière le volant avec une bouteille de vodka presque vide sur le siège du passager. Le conducteur s'est réveillé lorsque le policier a tapé sur la vitre. En voyant les gyrophares dans son rétroviseur et le policier debout à côté de sa voiture, l'homme a paniqué. Il a mis le levier de vitesse en marche avant et a appuyé sur l'accélérateur.

Le compteur de vitesse de la voiture affichait 20, 30, 40, puis 50 miles à l'heure, mais elle était toujours coincée dans la neige, donc les roues tournaient dans le vide. Le policier, qui avait le sens de l'humour, s'est mis à courir à côté de la voiture comme si elle roulait à toute allure (mais la voiture était évidemment immobile). Le conducteur a perdu la tête, pensant que le policier le suivait. Cela a continué pendant encore 30 secondes avant que le policier ne crie : « GAREZ-VOUS! » L'homme a hoché la tête, a tourné le volant et a arrêté le moteur.

Il va sans dire que l'homme résident du Dakota du Nord a été arrêté et s'en est probablement voulu en pensant à la façon dont il était incapable de distancer le policier aurait pu alors qu'il roulait à 50 miles à l'heure.

Cette histoire nous rappelle les paroles de David dans le Psaume 139:7-12 : « Où irais-je loin de ton esprit, Et où fuirais-je loin de ta face? Si je monte aux cieux, tu y es; Si je me couche au séjour des morts, t'y voilà. Si je prends les ailes de l'aurore, Et que j'aille habiter à l'extrémité de la mer, Là aussi ta main me conduira, Et ta droite me saisira. Si je dis : Au moins les ténèbres me couvriront, La nuit devient lumière autour de moi; Même les ténèbres ne sont pas obscures pour toi, La nuit brille comme le jour, Et les ténèbres comme la lumière. » David a souligné qu'il n'y a aucun endroit dans l'univers entier où l'on puisse échapper à la présence de Dieu.

Le Nouveau Testament déclare la même vérité. Dans son discours à Athènes aux philosophes impies du centre culturel grec, Paul, en les exhortant à chercher Dieu, a dit : « (…) bien qu'il ne soit pas loin de chacun de nous, car en lui nous avons la vie, le mouvement, et l'être. » (Actes 17:27-28a).

Ainsi, il ressort clairement dans la Bible que Dieu est toujours présent partout. Le Dieu qui est *transcendant* (c'est-à-dire, bien au-dessus de la création) est également *immanent* (c'est-à-dire présent parmi Sa création). Ésaïe 57:15 réunit ces deux idées (transcendance et immanence) : « Car ainsi parle le Très Haut, Dont la demeure est éternelle et dont Le nom est Saint : J'habite dans les lieux élevés et dans la sainteté (c'est-à-dire la transcendance); Mais je suis avec l'homme contrit et humilié, Afin de ranimer les esprits humiliés, Afin de ranimer les coeurs contrits (c'est-à-dire l'immanence).» Bien qu'Il soit Dieu assis dans les cieux, Il est également présent parmi Sa création. Plus important encore, Il est également présent à l'intérieur de Ses enfants dans la personne du Saint-Esprit. Quelle vérité étonnante!

Avant d'examiner comment l'omniprésence de Dieu nous affecte tous dans un sens pratique, il peut être bon d'aborder brièvement trois idées erronées sur l'omniprésence de Dieu.

1. L'omniprésence ne signifie pas que Dieu est présent seulement en partie dans divers endroits en même temps. Dieu est Esprit et ne peut être divisé en parties où une partie se trouve à un endroit et les autres à d'autres endroits. Dieu est présent partout dans tout son être. Il est indivisible. Dieu n'est pas contenu dans l'espace, quelle que soit l'immensité de cet espace. Salomon a dit avec sagesse dans 1 Rois 8:27b : « Voici, les cieux et les cieux des cieux ne peuvent te contenir: combien moins cette maison que je t'ai bâtie! »

Dans le livre *Théologie ordonné (Systematic Theology)*, Wayne Grudem écrit ce qui suit :

> *Il ne faut pas croire que Dieu s'étend à l'infini dans toutes les directions, de sorte qu'il existe lui-même dans une sorte d'espace infini et sans fin. Il ne faut*

pas non plus croire que Dieu est en quelque sorte un « espace plus vaste » ou une zone plus vaste entourant l'espace de l'univers tel que nous le connaissons. Toutes ces idées continuent de penser à l'existence de Dieu en termes spatiaux, comme s'il était simplement un être extrêmement grand. Au lieu de cela, nous devrions essayer d'éviter de penser à Dieu en termes de taille ou de dimensions spatiales. Dieu est un être qui existe sans taille ni dimensions dans l'espace. En fait, avant que Dieu ne crée l'univers, il n'y avait ni matière ni matériau, donc il n'y avait pas non plus d'espace. Pourtant, Dieu existait toujours. Où était Dieu? Il n'était pas dans un endroit que nous pourrions appeler un « où », car il n'y avait pas de « où » ou d'espace. Mais Dieu était toujours là! Ce fait nous fait comprendre que Dieu se rapporte à l'espace d'une manière très différente de la nôtre ou de toute autre chose créée. Il existe comme un type d'être bien différent et bien plus grand que ce que nous pouvons imaginer.

2. L'omniprésence ne signifie pas que Dieu est tout et que tout est Dieu. Bien que Dieu soit présent en tout lieu, cela ne signifie pas nécessairement que chaque petit objet possède la présence de Dieu en lui. C'est l'idée qui sous-tend *le panthéisme*. Un panthéiste croit que tout est Dieu ou qu'Il est présent dans tout ce qui existe. Cependant, la Bible dit que Dieu est présent partout dans Sa création, mais également *distinct* de Sa création.

3. L'omniprésence ne signifie pas que Dieu est présent partout dans le même sens. Par exemple, on nous dit dans Proverbes 15:29 : « L'Éternel s'éloigne des méchants, Mais il écoute la prière des justes. » L'affirmation : « L'Éternel s'éloigne des méchants » Cela signifie qu'Il n'est pas présent pour les bénir. Leurs péchés les ont séparé de Dieu (Ésaïe 59:2). Cependant, l'affirmation « il écoute la prière des justes » signifie qu'Il est près d'eux pour les bénir.

Un autre exemple serait la présence de Dieu en enfer, qui est différente de celle du paradis. En enfer, Dieu est présent pour punir, tandis que Dieu est présent dans le ciel pour bénir les croyants (2 Thessaloniciens 1:9 et Apocalypse 21:1-3). Ainsi, même s'il serait faux de dire que Dieu est plus présent dans un domaine que dans un autre, il ne serait pas faux de dire qu'il est présent au ciel d'une manière *unique*, c'est-à-dire pour bénir et montrer sa gloire plutôt que, par exemple, en enfer. En d'autres termes, Dieu *manifeste* sa présence plus pleinement au ciel qu'ailleurs.

Après avoir clarifié les trois idées fausses les plus courantes sur l'omniprésence de Dieu, voyons comment cet attribut de Dieu présente des avantages pratiques d'au moins quatre manières.

1. CELA APPORTE UNE GRANDE JOIE

Dans le Psaume 16:11, David a réagi avec une grande joie en voyant Dieu : « Tu me feras connaître le sentier de la vie; Il y a d'abondantes joies devant ta face, Des délices éternelles à ta droite. » Bien que nous ne connaîtrons la joie au sens complet du terme que dans le futur, lorsque nous serons au ciel, nous pouvons connaître cette joie même dans notre vie présente, car nous vivons dans l'espoir de cette expérience à venir de la joie complète. Lorsque notre esprit est rempli de la vérité que nous ne sommes jamais seuls, que notre Dieu, le Roi de l'univers, est *toujours* avec nous, maintenant et pour toujours dans toute l'éternité, nous connaîtrons une grande joie, même pendant les grandes épreuves. Oublier cette vérité fondamentale conduit à une vie qui manque de joie et qui est vouée au découragement et à l'anxiété. Alors, prenons l'habitude de nous rappeler que notre Père céleste est toujours avec nous, ses enfants.

2. CELA APPORTE UN GRAND RÉCONFORT

Il n'y a rien de plus apaisant pour l'âme troublée, que ce rappel : Dieu est toujours avec nous. Cette vérité nous aide à obéir à Dieu même lorsque les choses sont difficiles, comme elle a aidé les croyants du passé. Voici quelques versets qui font ressortir cette vérité.

> **Psaumes 23:4** – *Quand je marche dans la vallée de l'ombre de la mort, Je ne crains aucun mal, car tu es avec moi: Ta houlette et ton bâton me rassurent.*

Matthieu 28:20 – *Et voici, je suis avec vous tous les jours, jusqu'à la fin du monde.*

Actes 18:9-10 – *Le Seigneur dit à Paul en vision pendant la nuit: Ne crains point; mais parle, et ne te tais point, Car je suis avec toi, et personne ne mettra la main sur toi pour te faire du mal: parle, car j'ai un peuple nombreux dans cette ville.*

Hébreux 13:5 – *Je ne te délaisserai point, et je ne t'abandonnerai point.*

« Je suis avec toi même quand tu traverses la vallée la plus sombre. N'aie donc pas peur » est un rappel constant que Dieu donne à Ses enfants de la Genèse à l'Apocalypse! Nous pouvons nous rappeler des occasions où nous avons fait face à d'intenses épreuves et où tout semblait sombre, mais où nous avons ressenti une grande paix dans nos cœurs. Quelle en était la raison? Par la foi, nous avons pu nous accrocher à la promesse de Dieu : « Je suis toujours avec toi. Je ne te délaisserai ni ne t'abandonnerai jamais! » Malheureusement, nous pouvons aussi nous rappeler de ces occasions où, face à d'intenses épreuves, nous étions dans la tourmente. Pas de sommeil. Une peur constante. Quelle en était la raison? Nous n'avons pas cru en la promesse de Dieu de ne jamais nous abandonner ni nous quitter. Ce n'était pas la faute de Dieu. C'était la nôtre!

N'oublions jamais : *partout où la volonté de Dieu nous mène, sa présence nous accompagnera.* Il vaut mieux ressentir sa présence au milieu d'une jungle que de ressentir son absence au milieu d'un palais! Ainsi, si nous voulons ressentir du réconfort dans les moments d'épreuve, nous devons nous rappeler que nous ne sommes jamais seuls, pas même une seconde!

3. CELA NOUS AIDE À PRIER AVEC CONFIANCE

Le fait de savoir que Dieu est toujours présent avec nous nous donne une raison importante de nous approcher de Lui dans la prière. Il nous entendra parce qu'Il est toujours près de nous. Le Psaume 145:18 dit : « L'Éternel est près de tous ceux qui l'invoquent, De tous ceux qui l'invoquent avec sincérité; » Cette vérité devrait nous motiver à dire : « Même si je ne le vois pas, je *sais* qu'il est près de moi et qu'il écoute mon cri. Alors, je continuerai à prier! »

4. CELA NOUS AIDE À RÉSISTER À LA TENTATION DE PÉCHER

Savoir que Dieu est toujours présent est une motivation puissante pour résister à la tentation. Cela nous fait réaliser que tout ce que nous faisons, tout ce que nous pensons, y compris chaque motif, est fait en présence de Dieu! Proverbes 15:3 dit : « Les yeux de l'Éternel sont en tout lieu, Observant les méchants et les bons. » PROVERBES 16:2 DIT : « TOUTES LES VOIES DE L'HOMME SONT PURES À SES YEUX; MAIS CELUI QUI PÈSE LES

ESPRITS, C'EST L'ÉTERNEL. » Toutes les voies de l'homme sont pures à Ses yeux; Mais Celui qui pèse les esprits, c'est l'Éternel.

Vous voyez, nous avons tendance à pécher quand personne ne nous regarde : nos parents ne nous regardent pas, notre professeur ne nous regarde pas, notre conjoint ne nous regarde pas, nos amis ne nous regardent pas, notre patron ne nous regarde pas, etc. Et nous sommes gênés si quelqu'un nous surprend en train de faire quelque chose de mal. Cependant, si vous et moi comprenons et nous rappelons constamment que chaque péché que nous commettons, chaque pensée que nous avons, est bien fait en présence d'un Dieu saint, nous serons plus enclins à résister au péché! L'un des secrets de la vie sainte de Job se trouve dans Job 31:4, qui dit : « Dieu n'a-t-il pas connu mes voies? N'a-t-il pas compté tous mes pas? » Il était toujours conscient de la présence de Dieu. Et c'était la raison de son intégrité. Comme Job, nous serons mieux équipés pour résister au péché lorsque nous réaliserons que Dieu est toujours présent dans tout ce que nous pensons ou faisons.

Il y a donc quatre avantages à savoir que Dieu est toujours présent avec nous : cela nous apporte de la joie, du réconfort, nous aide à prier avec confiance et nous aide à résister à la tentation de pécher. Trouvons la paix en faisant confiance à ce Dieu qui est présent avec nous et qui a promis de nous aider à tout moment. Méditons continuellement sur des versets tels que

Ésaïe 41:10 : « Ne crains rien, car je suis avec toi ; Ne promène pas des regards inquiets, car je suis ton Dieu ; Je te fortifie, je viens à ton secours, Je te soutiens de ma droite triomphante. »

Si vous n'êtes pas chrétien, vous vous demandez peut-être en quoi cette connaissance peut vous être utile. C'est simple. C'est un AVERTISSEMENT. Dieu, dans Sa miséricorde, vous avertit de vous détourner de vos voies pécheresses et de vous soumettre à Lui. Vous ne pouvez pas échapper à ce Dieu qui vient en tant que Juge. Vous en subirez les conséquences douloureuses pour toute l'éternité si vous ne vous détournez pas de vos voies égoïstes. Alors, s'il vous plaît, détournez-vous de vos péchés et tournez-vous vers Christ. Lui seul a payé le prix des péchés et est ressuscité. Appelez-Le pour qu'Il vous sauve. Par la foi, soumettez-vous à Lui comme votre Seigneur et Sauveur. Ce n'est qu'alors que vous pourrez recevoir tous les autres avantages réservés au croyant dont nous avons parlé plus tôt.

QUESTIONS DE DISCUSSION ---

1. Comment ce chapitre a-t-il affecté votre vision de la sainteté de Dieu ?

2. Quels changements de vie pourriez-vous apporter à la lumière de cet attribut de Dieu ?

3. Comment cet attribut de Dieu affecte-t-il vos prières ?

4. Comment cet attribut de Dieu affecte-t-il votre
    évangélisation (votre action d'annoncer
    l'Évangile)?

VERSET BIBLIQUE POUR LA MÉDITATION/MÉMORISATION-----------------------

Esaïe 41:10 – *Ne crains rien, car je suis avec toi;*
Ne promène pas des regards inquiets, car je suis
ton Dieu; Je te fortifie, je viens à ton secours, Je
te soutiens de ma droite triomphante.

PRIÈRE--

JÉHOVAH DIEU, Créateur, Soutien,
Propriétaire de toutes choses, je ne peux échapper
à ta présence ni à ton contrôle, et je ne désire pas
le faire…

Que Ta Sainte Présence me garde de convoiter le
monde, qu'Elle soutienne mon cœur et mon
esprit dans la perte du confort, qu'Elle me vivifie
dans la vallée de la mort, qu'Elle travaille en moi
l'image du céleste et qu'Elle me donne
l'opportunité de jouir des prémices de la
spiritualité,

Comme le savent les anges et les saints défunts.

Amen!

La connaissance de Dieu

La connaissance de Dieu fait référence à sa capacité de connaître toutes chose possibles actuelles, passées, et futures, en un seul acte éternel.

La connaissance de Dieu, autrement appelée *omniscience de Dieu*, concerne l'attribut omniscient de Dieu. En latin, « omni » signifie « tout » et « science, » dans son sens originel, signifie « connaissance » ou « savoir. » Arthur Pink écrit:

Dieu… sait tout : tout ce qui est possible, tout ce qui est réel; tous les événements et toutes les créatures, du passé, du présent et du futur.

En d'autres termes, Dieu n'a pas besoin d'apprendre quoi que ce soit, et Il n'est pas devenu omniscient progressivement. Sa connaissance de toutes choses était, est, et sera toujours parfaite (Job 37:16). Rien ne Le surprend, pas même les actes les plus méchants, et rien, absolument rien, n'échappe à Son attention.

La connaissance de Dieu s'étend aux événements réels et possibles

Dieu sait ce qui est arrivé, ce qui arrivera, ce qui aurait pu arriver et ce qui pourrait encore arriver. Dans Matthieu 11:21, Jésus dit : « Malheur à toi, Chorazin! malheur à toi, Bethsaïda! car, si les miracles qui ont été faits au milieu de vous avaient été faits dans Tyr et dans Sidon, il y a longtemps qu'elles se seraient repenties, en prenant le sac et la cendre. » Jésus a déclaré avec insistance que les populations de Tyr et Sidon se seraient repenties si elles avaient vu les miracles que Jésus avait accompli. C'est la connaissance de ce qui *aurait pu* arriver, pas la simple connaissance de ce qui *s'est* passé. C'est là l'étendue de l'omniscience de Dieu.

Le passage des Écritures qui décrit le mieux l'omniscience de Dieu est sans doute le Psaume 139:1-6 et les versets 15-16, qui disent : « Éternel! tu me sondes et tu me connais, Tu sais quand je m'assieds et quand je me lève, Tu pénètres de loin ma pensée; Tu sais quand je marche et quand je me couche, Et tu pénètres toutes mes voies. Car la parole n'est pas sur ma langue, ue déjà, ô Éternel! tu la connais entièrement. Tu m'entoures par derrière et par devant, Et tu mets ta main sur moi. Une science aussi merveilleuse est au-dessus de ma portée, Elle est trop élevée pour que je puisse la saisir… Mon corps n'était point caché devant toi, Lorsque j'ai été fait dans un lieu secret, Tissé dans les profondeurs de la terre. Quand je n'étais qu'une masse informe, tes yeux me voyaient; Et sur ton livre étaient tous inscrits Les jours qui m'étaient destinés,

Avant qu'aucun d'eux existât. » Il est vraiment au-delà de notre entendement limité de comprendre un Dieu qui nous connaît si intimement!

En plus de cela, Dieu connaît aussi toutes ses autres créations, comme les oiseaux et même les étoiles. Le Psaume 147:4-5 dit : « Il compte le nombre des étoiles, Il leur donne à toutes des noms. Notre Seigneur est grand, puissant par sa force, Son intelligence n'a point de limite. » Le Psaume 50:11 dit que Dieu « connait tous les oiseaux des montagnes. »

Dieu connaît aussi l'avenir en termes d'événements qui se produiront. Le simple fait que tant de prophéties se soient accomplies conformément à leurs prédictions devrait nous enseigner ce fait (par exemple, la naissance virginale prédite dans Ésaïe 7:14 et accomplie dans Matthieu 1:18-25, et Bethléem, le lieu où Jésus naîtrait comme prédit dans Michée 5:2 et accompli dans Luc 2:4-7). Ces éléments devraient nous donner confiance que Dieu accomplira ce qu'il a révélé dans de nombreuses parties de la Bible, y compris le livre de l'Apocalypse qui parle d'événements futurs, tels que les choses qui « doivent arriver bientôt » (Apocalypse 1:1).

L'OMNISCIENCE DE JÉSUS

Jésus lui-même a exercé cet attribut dans son ministère terrestre, manifestant ainsi sa nature divine. Dans sa réprimande aux pharisiens qui l'accusaient de blasphème pour avoir accordé le pardon des péchés à un paralytique, nous lisons ces mots : « Et Jésus, connaissant leurs pensées, dit: Pourquoi avez-vous de mauvaises pensées dans vos coeurs? » (Matthieu 9:4). L'omniscience est réservée uniquement à Dieu; si Jésus connaissait leurs pensées, Il est aussi divin!

Mais que dire de Luc 2:52, qui dit : « Et Jésus croissait en sagesse, en stature, et en grâce, devant Dieu et devant les hommes? » Pourquoi Jésus a-t-il dû croître en sagesse s'il était déjà omniscient ? L'idée de grandir en sagesse ici fait référence à l'humanité de Jésus ; il n'avait pas encore la pleine sagesse en tant qu'enfant.

Bien que Jésus fût pleinement Dieu (Jean 1:1, 14), lorsqu'il prit la nature humaine (Philippiens 2:6-8), dans son humanité, il se soumit au processus normal de croissance humaine dans tous les domaines. Plus tard, même dans son ministère public, en tant que Dieu-Homme, Jésus a toujours exercé l'usage de ses attributs divins en accord avec la volonté du Père (Jean 6:38). Par exemple, il y eut des occasions où son omniscience fut mise en évidence (Matthieu 9:4; Jean 2:23-25) et à d'autres occasions, son utilisation fut restreinte (Marc 13:32) parce que telle était la volonté du Père.

L'OMNISCIENCE DU SAINT-ESPRIT

Le Saint-Esprit est également omniscient. Paul écrit dans 1 Corinthiens 2:11 : « Lequel des hommes, en effet, connaît les choses de l'homme, si ce n'est l'esprit de l'homme qui est en lui? De même, personne ne connaît les choses de Dieu, si ce n'est l'Esprit de Dieu. » Cette déclaration montre clairement que le Saint-Esprit, qui connaît toutes les pensées de Dieu, est également divin!

Ainsi, **les trois personnes de la Trinité sont omniscientes.** Elles savent toutes choses et rien ne leur est caché. Comment ces vérités profitent-elles aux croyants? Voici au moins quatre façons bien distinctes de s'y approcher. Au moins de quatre manières bien distinctes;

1. CELA NOUS AMÈNE À LOUER DIEU DAVANTAGE

Même si les non-croyants n'apprécient pas que Dieu soit omniscient, les croyants devraient être émerveillés et louer Dieu pour cet attribut. Ces vérités telles que Dieu sait tout de nous depuis le ventre maternel, connaît tous les cheveux de notre tête, sait ce que nous pensons, sait quelles paroles sortent de notre bouche avant même qu'elles ne soient prononcées, connaît le nombre des étoiles, connaît le nombre des animaux, etc. et cela devraient nous amener à nous joindre à David dans la louange en disant : « Une science aussi merveilleuse est au-dessus de ma portée, Elle est trop élevée pour que je puisse la saisir. » (Psaumes 139:6). Nous qui avons ouvert les yeux pour connaître ce Dieu impressionnant devrions continuellement le louer pour Sa connaissance de toutes choses.

2. CELA APPORTE UN GRAND RÉCONFORT À UNE ÂME TROUBLÉE

*Dans les épreuves-*Dans Luc 12:7, Jésus dit : « Et même les cheveux de votre tête sont tous comptés. Ne craignez donc point: vous valez plus que beaucoup de passereaux. » Quelle pensée réconfortante! Le Psaume 56:8 nous rappelle que Dieu garde même un enregistrement de nos larmes. Ainsi, même pendant les grandes épreuves, nous ne devons pas céder à l'inquiétude, car Il sait ce que nous traversons.

*Dans les échecs-*La connaissance de l'omniscience de Dieu nous réconforte non seulement dans les épreuves, mais aussi lorsque nous avons péché et fait des erreurs. Comment cela? Rappelez-vous que Dieu sait tout du début à la fin, même avant que nous soyons créés. Ainsi, aucun de nos péchés ne surprend Dieu, même s'il peut nous surprendre.

Le Psaume 103:14 dit que Dieu sait que « nous sommes poussière. » Il sait que nous *allons* parfois le décevoir. Et même s'il sait que nous échouerons à plusieurs reprises, Dieu place quand même son amour inébranlable sur nous pour nous sauver et nous préserver jusqu'à la fin. C'est tellement réconfortant! C'est pourquoi nous pouvons librement confesser *tous* nos péchés et nos échecs devant Dieu sans être timides. Il connaît de tous nos échecs de toute façon. Il veut que nous soyons honnêtes dans notre confession afin que nous puissions expérimenter son réconfort (1 Jean 1:9). De plus, Dieu ne garde pas de registre de nos péchés. Le Psaume 130:3-4 dit : « Si tu gardais le souvenir des iniquités, Éternel, Seigneur, qui pourrait subsister? Mais le pardon se trouve auprès de toi, Afin qu'on te craigne. » Non seulement Dieu ne garde *pas* de registre de nos péchés, mais il promet également de « ne plus se souvenir de nos péchés » (Hébreux 8:12; Ésaïe 43:25) lorsque nous deviendrons ses enfants. Ne vous méprenez pas. Dieu n'a pas de problèmes de mémoire lorsqu'Il oublie nos péchés; cela signifie que Dieu ne nous les renverra pas à la figure au Jour du Jugement.

Pierre a péché en reniant le Seigneur trois fois, mais lorsque le Seigneur ressuscité l'a confronté une troisième fois avec la question : « M'aimes-tu? », quelle a été la réponse de Pierre? « Seigneur, tu *sais* toutes choses; tu sais que je t'aime » (Jean 21:17). Sur quoi se basait l'appel de Pierre? L'omniscience de Jésus! En d'autres termes, Pierre a dit : « Seigneur, tu connais mon cœur. Même si je t'ai renié, tu sais que je l'ai fait par peur. Au fond de moi, tu sais que je t'aime. » C'est ce qu'il disait. Et Jésus, qui l'aime, lui a pardonné librement et l'a rétabli dans son ministère. *C'est* réconfortant!

Parfois, notre cœur nous condamne même après avoir demandé pardon pour nos péchés. Nous nous critiquons constamment. Nous devons nous abstenir de le faire! Rappelez-vous l'assurance de Jean : « car si notre coeur nous condamne, Dieu est plus grand que notre coeur, et il connaît toutes choses. » (1 Jean 3:20). Prenez réconfort dans la connaissance que Dieu a de toutes choses.

3. CELA NOUS ENCOURAGE À PRIER AVEC CONFIANCE

Dans Matthieu 6:8, dans le contexte de la prière, notre Seigneur Lui-même nous encourage à prier en nous rappelant l'omniscience de Dieu : « Car votre Père sait de quoi vous avez besoin, avant que vous le lui demandiez. » Or, certains ont du mal à prier à cause de ces mêmes mots, se demandant pourquoi nous devrions prier si Dieu sait déjà ce dont nous avons besoin. Alors qu'un Dieu omniscient ordonne la fin de toutes choses, Il ordonne aussi les moyens. En d'autres termes, la prière est l'un des moyens par lesquels Dieu accomplit ce qu'Il a déjà prévu. De plus, la prière est une façon d'exprimer notre dépendance envers Lui. C'est pourquoi nous pouvons avoir une grande confiance lorsque nous nous approchons du trône de grâce de Dieu, sachant qu'Il est pleinement conscient de tous nos besoins!

4. CELA PRODUIT UN PLUS GRAND SENS DE RESPONSABILITÉ

Proverbes 5:21 dit : « Car les voies de l'homme sont devant les yeux de l'Éternel, Qui observe tous ses sentiers. » Proverbes 15:3 dit : « Les yeux de l'Éternel sont en tout lieu, Observant les méchants et les bons. » Ces versets nous font prendre conscience de notre responsabilité. *Rien de ce que nous pensons ou faisons n'échappe à la connaissance de Dieu.*

La Bible va plus loin : Dieu connaît non seulement toutes nos voies, mais aussi *toutes nos motivations*. Ce n'est donc pas seulement *ce que* nous faisons qui compte, mais aussi les motivations, *les raisons pour lesquelles* nous le faisons! Paul l'explique clairement dans 1 Corinthiens 4:5 : « C'est pourquoi ne jugez de rien avant le temps, jusqu'à ce que vienne le Seigneur, qui mettra en lumière ce qui est caché dans les ténèbres, et qui manifestera les desseins des coeurs. Alors chacun recevra de Dieu la louange qui lui sera due. » Ce verset n'interdit pas toutes sortes de jugements, mais interdit de juger les motifs du cœur des autres. Nous ne connaissons pas les motifs de chaque cœur. Seul Dieu le sait, et Il jugera leurs motifs dans le futur.

Par exemple, nous pouvons être :

- Extérieurement humble mais intérieurement fier.

- Extérieurement généreux mais intérieurement avide.

- Extérieurement altruistes dans notre service, mais cherchant intérieurement à promouvoir notre programme égoïste.

- Extérieurement aimant mais intérieurement rempli de jalousie et de haine.

La liste est longue. En résumé, *Dieu ne se laisse pas tromper par ces actes extérieurs. Il voit les cœurs et sonde les motivations.* Nous pouvons faire quelque chose de « chrétien » en apparence, et d'autres peuvent même nous applaudir. Pourtant, Dieu connaît nos véritables motivations! C'est pourquoi il est inutile de se masquer, de pratiquer délibérément l'hypocrisie. Dieu connaît le « vrai » en nous! L'inverse est également vrai. Même si d'autres nous critiquent pour une action, si nos motivations sont véritablement pieuses, nous pouvons nous réconforter en sachant que Dieu connaît nos véritables motivations, même si les gens n'en sont pas conscients. La connaissance parfaite de Dieu nous donne ainsi un plus grand sens de responsabilité.

Ainsi, le croyant peut tirer quatre bénéfices de la connaissance et de la réflexion sur l'omniscience de Dieu :

1. Cela nous conduit à davantage louer Dieu.
2. Cela apporte un grand réconfort à nos âmes troublées.
3. Cela nous encourage à prier avec confiance.
4. Cela produit un plus grand sens des responsabilités.

Cependant, pour les non-chrétiens, c'est l'un de ces attributs, avec celui de la souveraineté de Dieu (c'est-à-dire que Dieu fait tout ce qu'Il veut faire), qui les agace le plus. Pourquoi? Par nature, nous ne voulons pas que quiconque en sache plus que nous et ce, même sur des sujets qui ne sont pas des péchés. Et lorsqu'il s'agit d'actions manifestement mauvaises, la résistance à cet attribut est encore plus grande. Par exemple, l'adultère n'est plus qualifié de tel. Maintenant, on l'appelle une « affaire, » ce qui signifie que cela ne vous regarde pas. Et cette façon de penser s'étend également à Dieu : Seigneur, ne t'immisce pas dans ma vie. Ce que je fais est mon « affaire. »

Jésus a résumé cette attitude en termes clairs dans Jean 3:19 : « Et ce jugement c'est que, la lumière étant venue dans le monde, les hommes ont préféré les ténèbres à la lumière, parce que leurs oeuvres étaient mauvaises. » L'humanité pécheresse ne veut pas que ses actes soient dévoilés : « C'est ma vie privée. Ne me fais pas honte et ne me fais pas sentir mal à cause de mes actions. Laisse-moi tranquille. » Et si quelqu'un évoque la connaissance que Dieu a de toutes choses et que nous devons un jour lui rendre compte, la résistance est énorme.

Cette attitude n'est pas nouvelle. Elle était déjà présente à l'époque d'Ésaïe, lorsque les justes confrontaient les méchants à cause de leurs péchés : « Car c'est un peuple rebelle, Ce sont des enfants menteurs, Des enfants qui ne veulent point écouter la loi de l'Éternel, Qui disent aux voyants: Ne voyez pas! Et aux prophètes : Ne nous prophétisez pas des vérités, Dites-nous des choses flatteuses, Prophétisez des chimères! Détournez-vous du chemin, Écartez-vous du sentier, Éloignez de notre présence le Saint d'Israël! » (Ésaïe 30:9-11). Ne nous rappelez pas Dieu. Laissez-nous tranquilles. Ce que nous faisons est notre affaire personnelle. Telle était leur attitude.

Vous voyez, c'est une chose d'aimer cette vieille chanson populaire du groupe Police, qui a ces paroles : « Chaque souffle que tu prends, chaque mouvement que tu fais, chaque lien que tu brises, chaque pas que tu fais, je t'observerai. » Mais c'en est une autre quand il s'agit de Dieu qui surveille chacune de nos pensées et chacun de nos mouvements! C'est une pensée révoltante. Et les pécheurs détestent Dieu parce qu'il est Dieu! Mais cela n'empêchera pas un Dieu omniscient d'être qui Il est. Il ne se pliera pas à notre volonté ni ne changera ses voies pour nous satisfaire. Il sait tout de nous et nous demandera des comptes. Nous ne pouvons pas lui échapper. Hébreux 4:13 dit : « Nulle créature n'est cachée devant lui, mais tout est à nu et à découvert aux yeux de celui à qui nous devons rendre compte. » Remarquez que « tout est à nu et à découvert » devant un Dieu qui sait tout et voit tout!

Ce que nous faisons dans l'obscurité, Il le sait. Le Psaume 139:11-12 dit : « Si je dis : Au moins les ténèbres me couvriront, La nuit devient lumière autour de moi; Même les ténèbres ne sont pas obscures pour toi, La nuit brille comme le jour, Et les ténèbres comme la lumière. » Daniel 2:22 dit : « Il révèle ce qui est profond et caché, il connaît ce qui est dans les ténèbres et la lumière demeure avec lui. » En réprimandant les dirigeants pervers pour « comploter le mal » (Ézéchiel 11:2), Dieu a dit : « Et ce qui vous monte à la pensée, je le sais » (11:5), leur rappelant ainsi son omniscience.

Au contraire, selon le Psaume 10:11b et 13b, les méchants pensent ainsi : « Dieu oublie! Il cache sa face, il ne regarde jamais! ... Pourquoi dit-il en son cœur : Tu ne punis pas? » Mais ils oublient que Dieu veille. Job 34:21 dit : « Car Dieu voit la conduite de tous, Il a les regards sur les pas de chacun. Ses yeux sont sur la voie des hommes, il voit chacun de leurs pas. » Remarquez ce que Dieu Lui-même a à dire à propos de ceux qui vivent comme s'il ne voyait pas leurs péchés:

Nombres 32:23 – *Sachez que votre péché vous atteindra.*

Jérémie 16:17 – *Car mes yeux sont attentifs à toutes leurs voies, Elles ne sont point cachées devant ma face, Et leur iniquité ne se dérobe point à mes regards.*

Osée 7:2 – *Ils ne se disent pas dans leur coeur Que je me souviens de toute leur méchanceté; Maintenant leurs oeuvres les entourent, Elles sont devant ma face.*

Et un jour, ce Dieu qui voit tout, jugera les hommes qui ne se sont pas détournés de leurs péchés et ne se sont pas tournés vers lui. Voici ses paroles solennelles d'avertissement : « Moi, l'Éternel, j'éprouve le coeur, je sonde les reins, Pour rendre à chacun selon ses voies, Selon le fruit de ses oeuvres. » (Jérémie 17:10; voir aussi Apocalypse 2:23).

Le même Dieu qui promet d'oublier les péchés de ceux qui ont placé leur foi en son Fils Jésus, qui a pris sur lui leur punition pour leurs péchés, promet aussi une autre chose : Il *se* souviendra des péchés de ceux qui meurent sans que leurs péchés soient couverts par le sang de son Fils Jésus. Et il se souviendra d'eux d'une manière qui attirera leur attention lorsqu'il prononcera le jugement final, en les jetant dans l'étang de feu pour toute l'éternité.

Voilà donc la réalité à laquelle sont confrontés ceux qui n'ont jamais fait confiance à Jésus. L'omniscience de Dieu mettra en lumière tous nos péchés. La seule façon d'échapper à une telle fin est de nous détourner de nos péchés et de faire confiance à Jésus seul. Le ferez-vous aujourd'hui?

QUESTIONS DE DISCUSSION --

1. Comment ce chapitre a-t-il affecté votre vision de la sainteté de Dieu?

2. Quels changements de vie pourriez-vous apporter à la lumière de cet attribut de Dieu?

3. Comment cet attribut de Dieu affecte-t-il vos prières?

4. Comment cet attribut de Dieu affecte-t-il votre évangélisation?

VERSET BIBLIQUE POUR LA MÉDITATION/MÉMORISATION -----------------------

Proverbes 5:21 – *Car les voies de l'homme sont devant les yeux de l'Éternel, Qui observe tous ses sentiers.*

PRIÈRE ---

Seigneur, Tu es omniscient. Rien ne T'est caché. S'il Te plaît, aide-moi à trouver du réconfort dans cela et, en même temps, à me souvenir de cette vérité lorsque je suis tenté. Tu connais mes motivations, pourquoi je fais ce que je fais. Protège-moi de porter un masque pour tromper les autres et, ce faisant, me tromper moi-même. S'il Te plaît, aide-moi à vivre une vie pure, tant à l'intérieur qu'à l'extérieur. Amen!

La paternité de Dieu

La paternité de Dieu fait référence au fait qu'il est un Père pour tous ceux qui viennent à Lui parla foi en son Fils, Jésus-Christ.

Dans son livre, *Connaître Dieu*, JI Packer a écrit ce qui suit concernant la paternité de Dieu :

Si vous voulez juger de la compréhension qu'a une personne du christianisme, voyez ce qu'elle pense de l'idée qu'elle est enfant de Dieu et qu'elle a Dieu pour Père. Si ce n'est pas cette pensée qui motive et contrôle son culte, ses prières et toute sa vision de la vie, cela signifie qu'elle ne comprend pas très bien le christianisme. Car tout ce que le Christ a enseigné, tout ce qui rend le Nouveau Testament nouveau et meilleur que l'Ancien, tout ce qui est spécifiquement chrétien par opposition à simplement juif, se résume dans la connaissance de la paternité de Dieu. « Père » est le nom chrétien de Dieu.

Puisque l'étude des attributs de Dieu a pour seul but de nous faire mieux connaître Dieu-car Dieu n'est connu qu'à travers Ses attributs-cette connaissance de Dieu en tant que Père du croyant est essentielle pour mieux comprendre Dieu. C'est pourquoi, dans ce chapitre, nous examinerons Dieu en tant que notre Père.

Jean commence son Évangile en décrivant qui est Jésus (Jean 1:1-5) et l'accueil qu'il a reçu du peuple juif lorsque Jean-Baptiste l'a présenté (Jean 1:6-13). Alors que la grande majorité le rejetait, quelques-uns continuaient à croire en lui. Et à cette minorité qui avait accepté Jésus, Jean les réconforta avec ces paroles d'assurance : « Mais à tous ceux qui l'ont reçue, à ceux qui croient en son nom, elle a donné le pouvoir de devenir enfants de Dieu, lesquels sont nés, » (Jean 1:12). Nous sommes enfants de Dieu à cause de notre foi en Jésus, —c'est la promesse, c'est la véritable assurance de pouvoir appeler Dieu notre Père. Et ce processus par lequel Dieu fait de nous ses enfants et nous permet ainsi de l'appeler « Père, » c'est ce que la Bible appelle « l'adoption. » L'adoption est le plus grand privilège que nous puissions connaître, plus grand même que la justification. Laissez-moi vous expliquer.

La justification se produit au moment même où nous recevons le pardon des péchés. C'est-à-dire lorsqu'un pécheur coupable se tient devant un Dieu saint, condamné à mort, et est libéré du péché et de la culpabilité parce qu'il s'est repenti de ses péchés et qu'il a mis sa foi en Jésus-Christ. *La justification est fondamentale pour toutes les autres bénédictions, car elle répond à notre besoin spirituel principal.* Cependant, ce n'est pas la plus grande bénédiction. Pourquoi? La justification est un terme juridique qui considère Dieu comme un juge. Cela a à voir avec notre position devant la sainte loi de Dieu. L'adoption, en revanche, est une idée familiale. Dans l'adoption, « Dieu fait de nous des membres de sa famille. » L'adoption considère Dieu comme un Père, indiquant ainsi la proximité, l'affection et la générosité. « Être en règle avec Dieu le Juge est une grande chose, mais être aimé et pris en charge par Dieu le Père est bien plus grand. » L'illustration suivante pourrait peut-être nous aider mieux comprendre ce concept :

Imaginez que quelqu'un ait tué votre fils et soit jeté en prison, en attendant la peine de mort. Vous pardonnez à cet homme et le libérez. Ce serait déjà une bonne chose en soi. Mais vous ne vous arrêtez pas là. Une fois le tueur libéré de prison, vous l'adoptez, vous en faites votre propre fils et vous lui accordez tous les privilèges dont votre fils aurait bénéficié! À quoi cela ressemblerait-il? Les gens vous traiteraient probablement de fou! Mais cela montrerait l'ampleur de votre amour et la bénédiction ressentie par celui qui a tué votre précieux fils.

N'est-ce pas là l'image biblique de la justification et de l'adoption? Dieu aurait pu s'arrêter à la justification. Mais il ne l'a pas fait. En plus de la bénédiction de la justification, il nous a donné une bénédiction encore meilleure —, l'adoption, par laquelle il fait de nous ses fils et ses filles! C'est pourquoi l'adoption est une bénédiction plus incroyable que la justification. Et c'est à travers l'adoption que nous voyons la paternité de Dieu si clairement manifestée.

Le concept de Dieu en tant que Père était déjà présent dans l'Ancien Testament (Exode 4:22; Psaumes 103:13; Ésaïe 64:8). Cependant, dans le Nouveau Testament, nous voyons la paternité de Dieu dans un sens total, car le concept d'adoption nous est révélé plus clairement. Le mot traduit par adoption apparaît 5 fois – toutes ses occurrences apparaissent dans les lettres de Paul (Romains 8:15, 9:4; Galates 4:5; Éphésiens 1:5). Les lecteurs de Paul auraient clairement compris ce concept car l'adoption était plus courante à l'époque du Nouveau Testament qu'à celle de l'Ancien Testament (bien que la fille de Pharaon ait adopté Moïse). À l'époque romaine, il était courant pour les riches d'adopter les jeunes adultes qu'ils jugeaient aptes à perpétuer le nom de famille. De nombreux Césars ont même suivi cette pratique.

Cependant, l'adoption de Dieu à notre égard est différente et plus élevée que l'adoption humaine. Dieu nous a adoptés *non pas* parce qu'Il avait un besoin ou parce qu'Il voyait quelque chose de bon en nous qui pourrait lui être bénéfique. Tout ce qu' Il voyait en nous, c'était des rebelles qui Lui tournaient le dos. Pourtant, il nous a adoptés parce qu'il a simplement choisi de le faire–par pur amour (Éphésiens 1:4-5). Un tel amour est ahurissant! Dans Jean 17:26, le désir de Jésus était que le Père aime ceux qui le suivent avec le même amour qu'il a pour son Fils : « Je leur ai fait connaitre ton nom, et je le leur ferai connaitre, afin que l'amour dont tu m'as aimé soit en eux, et que je sois en eux » Pas de distinction dans la famille divine. Nous sommes aimés comme Jésus est aimé! Il n'est pas étonnant que l'apôtre Jean ait éclaté en louanges : « Voyez quel grand amour le Père nous a témoigné, pour que nous soyons appelés enfants de Dieu! » (1 Jean 3:1).

Et un tel amour, qui conduit à notre adoption, produit au moins quatre bénéfices pratiques.

1. L'ADOPTION NOUS PERMET D'APPELER DIEU NOTRE PÈRE

Le terme « *Abba*, Père » a été utilisé par Jésus pour s'adresser à Dieu en l'appelant son Père (Marc 14:36). Les croyants peuvent également l'appeler « *Abba*, Père » (Galates 4:6) en raison de la présence du Saint-Esprit en eux. Une nouvelle relation glorieuse qui durera toute l'éternité a été établie. Nous sommes aimés, bien pris en charge et ne serons jamais séparés de notre merveilleux Père céleste!

2. L'ADOPTION ENRICHIT NOTRE VIE DE PRIÈRE

Jésus nous a enseigné à nous adresser à Dieu en l'appelant « Notre Père qui est aux cieux » lorsque nous prions (Matthieu 6:9). Cette intimité nous permet d'approcher Dieu notre Père dans toutes nos demandes parce qu'Il prend soin de nous. Nous pouvons être libérés de toute inquiétude. Nous pouvons être libérés de toute culpabilité. Il pardonne tous nos péchés lorsque nous les confessons. Notre Père aimant entend toujours les prières de Ses enfants et y répond selon Sa bonne volonté et Son bon plaisir.

3. L'ADOPTION RENFORCE NOTRE ESPOIR POUR L'AVENIR

Paul nous dit dans Romains 8:23b que « nous attendons l'adoption, la rédemption de notre corps. » Il poursuit : « Car c'est en espérance que nous sommes sauvés. Or, l'espérance qu'on voit n'est plus espérance: ce qu'on voit, peut-on l'espérer encore? Mais si nous espérons ce que nous ne voyons pas, nous l'attendons avec persévérance. » (Romains 8:24-25). En substance, Paul disait que l'expérience la plus complète de l'adoption se produira lorsque nous recevrons des corps glorifiés. Cette vérité devrait nous remplir d'une espérance inébranlable pour supporter les épreuves de la vie. Selon 2 Corinthiens 1:22b, Dieu a placé « lequel nous a aussi marqués d'un sceau et a mis dans nos coeurs les arrhes de l'Esprit. » L'expression « les arrhes » fait référence au fait qu'à l'avenir, nous serons avec le Seigneur dans un état glorifié pour toute l'éternité. Cette vérité renforce également notre espérance.

4. L'ADOPTION NOUS PERMET D'ÊTRE FORMÉS PAR DIEU

Hébreux 12:5b-6 dit : « Mon fils, ne méprise pas le châtiment du Seigneur, Et ne perds pas courage lorsqu'il te reprend;

Car le Seigneur châtie celui qu'il aime, Et il frappe de la verge tous ceux qu'il reconnaît pour ses fils. » L'auteur poursuit en disant : « Supportez le châtiment: c'est comme des fils que Dieu vous traite » (Hébreux 12:7). En substance, l'auteur de l'épître aux Hébreux dit que *parce que* nous sommes les enfants de Dieu, Dieu nous discipline. Et c'est une bonne chose ! Cela montre que nous sommes Ses enfants! Le but final de ce processus de discipline est énoncé dans Hébreux 12:10 : « afin que nous participions à sa sainteté. »

À la lumière de ces quatre avantages de l'adoption (et d'autres pourraient être ajoutés), quelle devrait être notre réponse? C'est simple. Nous devons « imiter Dieu notre Père. » Si nous sommes ses fils et ses filles, nous devons faire preuve de ressemblance familiale ! Et cela signifie que nous devons rechercher la sainteté puisque Dieu est saint (1 Pierre 1:15-16). Nous devons aimer comme Dieu nous aime (Éphésiens 5:1-2), d'un amour qui s'étend même à nos ennemis (Matthieu 5:44-45). Les enfants de Dieu ne doivent jamais oublier que nous sommes une seule famille. C'est pourquoi il n'y a pas de place pour l'amertume, la jalousie et les disputes. Nous partageons les joies et les peines des autres. Quel Père aimant nous avons en Dieu. Et quel avenir glorieux nous avons! J'ai confiance que ces vérités renforceront notre sainte résolution d'imiter notre Père!

Si vous n'êtes pas enfant de Dieu et que vous ne pouvez toujours pas l'appeler votre Père, aujourd'hui serait un bon jour pour régler ce problème. Vous pouvez être adopté dans sa famille en vous détournant de vos péchés et en acceptant le Christ comme votre Seigneur et Sauveur. Une fois de plus, permettez-moi de vous rappeler Jean 1:12 : « Mais à tous ceux qui l'ont reçue, à ceux qui croient en son nom, elle a donné le pouvoir de devenir enfants de Dieu, lesquels sont nés, » Lorsque vous mettez votre foi en Jésus, vous serez accueilli dans la famille de Dieu comme son fils ou sa fille. Et vous pourrez alors aussi profiter de tous les avantages de l'adoption! N'hésitez pas. Venez, s'il vous plaît. Dieu a *toujours* de la place dans sa famille pour plus d'enfants! Les pères humains ont des faiblesses et ils échouent souvent. Cependant, le seul et unique Père céleste, le Père du Seigneur Jésus-Christ, n'a aucune faiblesse. Il ne vous oubliera ni ne vous décevra jamais. Il vous aimera d'un amour parfait pour toute l'éternité!

QUESTIONS DE DISCUSSION --

1. Comment ce chapitre a-t-il affecté votre vision de la sainteté de Dieu?

2. Quels changements de vie pourriez-vous apporter à la lumière de cet attribut de Dieu?

3. Comment cet attribut de Dieu affecte-t-il vos prières?

4. Comment cet attribut de Dieu affecte-t-il votre évangélisation?

VERSET BIBLIQUE POUR LA MÉDITATION/MÉMORISATION -----------------------

Romains 8:15 – *Et vous n'avez point reçu un esprit de servitude, pour être encore dans la crainte; mais vous avez reçu un Esprit d'adoption, par lequel nous crions: Abba! Père!*

PRIÈRE --

Père, quel privilège tu nous as donné de t'appeler notre Père céleste. Merci pour cette intimité. Aide-nous à vivre comme tes enfants, tout comme notre Seigneur et Sauveur Jésus a vécu. S'il te plaît, donne-nous un esprit d'humilité pour accepter ces moments où tu nous disciplines. Aide-nous à nous rappeler que tu disciplines tous ceux que tu aimes et que tu le fais pour notre bien et Ta gloire. Amen!

L'amour de Dieu

L'amour de Dieu fait référence au fait qu'Il se donne
« Lui-même et ses dons sont spontanés, volontaires,
justes et éternels, pour le bien des humains,
indépendamment de leur mérite ou de leur réponse.
»

L'amour de Dieu est l'attribut le plus connu et le plus souvent évoqué de Dieu. Nous lisons dans 1 Jean 4:8 : « Dieu est amour. » La même chose est répétée plus loin dans 1 Jean 4:16. Notez bien qu'il n'est pas dit que Dieu a de l'amour, mais que Dieu *est* amour. L'amour n'est pas simplement l'un des attributs de Dieu. Au contraire, l'amour est la nature même de Dieu. Les autres attributs de Dieu, tels que la miséricorde, la bonté, la patience et la grâce, sont étroitement liés à l'amour puisqu'ils découlent de l'amour de Dieu. Plus nous comprenons Son amour, plus nos cœurs troublés connaîtront la paix et plus notre amour pour Lui et pour les autres augmentera.

Pour atteindre cet objectif, nous examinerons quatre caractéristiques clés de l'amour de Dieu dans ce chapitre, puis nous en tirerons des applications pratiques pour nos vies.

CARACTÉRISTIQUE N°1 : L'AMOUR DE DIEU EST UN AMOUR VOLONTAIRE

Dieu n'était pas et n'est pas contraint de nous aimer. Il n'a pas placé son amour sur nous parce que nous méritions d'être aimés. En vérité, c'est exactement le contraire. Nous sommes des personnes indignes qui avons grandement péché contre Lui. Pourtant, Dieu, de Lui-même, *sans être influencé* par aucun facteur extérieur, a placé son amour sur nous. Nous lisons dans 1 Jean 4:10 : « Et cet amour consiste, non pas en ce que nous avons aimé Dieu, mais en ce qu'il nous a aimés et envoyer son fils comme victime expiatoire pour nos péchés. » Plus loin, nous lisons dans 1 Jean 4:19 : « Pour nous, nous l'aimons, parce qu'il nous a aimés le premier. »

L'amour volontaire de Dieu n'est pas seulement un concept du Nouveau Testament. Nous voyons cette vérité énoncée même dans l'Ancien Testament. Dans Deutéronome 7:7-8, Dieu décrit son alliance d'amour envers Israël comme étant basée *non pas* sur la dignité d'Israël mais sur son choix volontaire : « Ce n'est point parce que vous surpassez en nombre tous les peuples, que l'Éternel s'est attaché à vous et qu'il vous a choisis, car vous êtes le moindre de tous les peuples. Mais, parce que l'Éternel vous aime, parce qu'il a voulu tenir le serment qu'il avait fait à vos pères, l'Éternel vous a fait sortir par sa main puissante, vous a délivrés de la maison de servitude, de la main de Pharaon, roi d'Égypte. » En termes simples, Dieu a aimé Israël parce qu'Il *a choisi* de l'aimer.

Caractéristique n°2 : L'amour de Dieu est un amour SAINT

L'amour de Dieu n'annule pas sa sainteté. Le fait que « Dieu est amour » (1 Jean 4:8) ne diminue ni ne nie les autres attributs de Dieu, tels que « Dieu est lumière » (1 Jean 1:5) ou que « Dieu est un juste juge » (Psaume 7:11). Même dans le célèbre passage de Jean 3:16, Dieu a aimé le monde d'une manière qui comprenait la provision d'une expiation pour le péché, comme l'indique la phrase : « Il a donné son Fils unique. » L'amour de Dieu est saint, ce qui signifie qu'il ne peut pas prendre le péché à la légère, même dans la vie de ses enfants. C'est pourquoi Hébreux 12:6 déclare : « Car le Seigneur châtie celui qu'il aime, Et il frappe de la verge tous ceux qu'il reconnaît pour ses fils. » Ce genre de discipline peut parfois impliquer la maladie et même la mort (1 Corinthiens 11:30) ! Un amour saint ne peut pas et ne fermera pas les yeux sur le péché.

Les journaux ont un jour raconté l'histoire d'un père et d'une mère qui, constatant que leur fillette avait pris et mangé quelque chose dans le placard, se mirent à secouer et à gifler l'enfant. Lorsque celle-ci commença à s'endormir, ils ne cessèrent pas de la secouer et de la gifler pendant quatre heures. Ce qui semblait être une punition cruelle pour une faute aussi mineure était en réalité une punition imposée par l'amour. L'enfant avait avalé dix somnifères et le médecin déclara que le seul espoir de sauver la vie de l'enfant était de la maintenir éveillée.

De même, nous ne comprenons pas toujours le chemin que Dieu nous fait emprunter, mais nous pouvons être sûrs que son châtiment est toujours né de l'amour. Dieu ne choisit pas d'arrêter la violence des vents, mais plutôt de nous guider et de nous faire affronter ces vents.

CARACTÉRISTIQUE N°3 : L'AMOUR DE DIEU EST UN AMOUR SACRIFICIEL

L'amour de Dieu est généreux, même lorsque le prix à payer est exceptionnellement élevé. L'amour humain se caractérise souvent par de belles paroles mais des actes vides de sens, comme en témoignent les grandes promesses faites le jour du mariage, suivies malheureusement d'un divorce amer des mois ou des années plus tard. Lorsqu'un sacrifice doit être fait, l'amour humain s'effondre la plupart du temps.

L'amour de Dieu n'est pas comme ça. Il est sacrificiel. L'exemple suprême de l'amour sacrificiel de Dieu n'est nulle part aussi clair qu'à la croix. C'est là que Dieu a donné aux pécheurs comme vous et moi ce qu'il y a de meilleur – son Fils unique – le Seigneur Jésus-Christ, comme on peut le lire dans Romains 5:6-8 : « Car, lorsque nous étions encore sans force, Christ, au temps marqué, est mort pour des impies. A peine mourrait-on pour un juste; quelqu'un peut-être mourrait-il pour un homme de bien. Mais Dieu prouve son amour envers nous, en ce que, lorsque nous étions encore des pécheurs, Christ est mort pour nous. » Et comment pouvons-nous oublier les paroles très familières de Jean 3:16 : « Car Dieu a tant aimé le monde qu'il a donné Son Fils unique, afin que quiconque croit en Lui ne périsse point, mais qu'il ait la vie éternelle. »

On raconte l'histoire d'un jeune homme en France qui était très aimé par sa mère. Cependant, il a mené une vie très pécheresse. Il est devenu très attiré par une femme méchante qui l'a entraîné de plus en plus dans le péché. La mère aimante a essayé de le détourner du péché, ce qui a amené la femme méchante à la haïr. Une nuit, la femme méchante a fait boire le jeune homme et l'a accusé de ne pas l'aimer vraiment. Il a juré qu'il l'aimait vraiment. Elle a dit que s'il l'aimait vraiment, il se débarrasserait de sa mère, qui essayait de les séparer.

L'histoire raconte que le jeune homme s'est précipité hors de la maison de la femme et s'est rendu chez lui où sa mère dormait. Dans un acte de grande cruauté, il a battu sa mère à mort, puis a arraché son cœur pour l'apporter às sa concubine. Alors qu'il courait vers la maison de sa concubine avec le cœur saignant de sa mère, il a trébuché sur une pierre. Immédiatement, le cœur saignant a crié : « Mon fils, es-tu blessé? »

C'est le genre d'amour sacrificiel que Dieu manifeste envers les pécheurs comme vous et moi. Chaque fois que nous sommes tentés de douter de l'amour de Dieu, nous devons regarder la croix et nous rappeler sans cesse combien Dieu nous aime. Celui qui n'a pas refusé son Fils à cause de nous nous oubliera-t-il (Romains 8:32)? Nous abandonnera-t-il? Jamais!

CARACTÉRISTIQUE N°4 : L'AMOUR DE DIEU EST UN AMOUR ÉTERNEL

L'amour humain est souvent basé sur des sentiments qui montent et descendent. Quand mes émotions sont fortes, je t'aime. Quand je me sens déprimé, je m'éloigne de toi. Si tu m'aimes et ne me déçois jamais, je t'aimerai. Sinon, je ne peux pas t'aimer.

L'amour de Dieu n'est cependant pas ainsi. Il ne change pas d'avis. Son amour dure pour toujours. Il nous a aimés avant même que les cieux ne soient créés (Éphésiens 1:4-5). Et son amour s'étendra éternellement même après la création des nouveaux cieux et de la nouvelle terre. C'est un amour éternel, comme Dieu lui-même Le déclare par l'intermédiaire de Jérémie : « Je t'aime d'un amour éternel; C'est pourquoi je te conserve ma bonté. » (Jérémie 31:3). Bien que ce verset fasse principalement référence à l'amour éternel, électif et fondé sur l'alliance de Dieu envers Israël, nous pouvons légitimement l'appliquer à tous les croyants de tous les âges. Dans Romains 8:38-39, Paul dit : « Car j'ai l'assurance que ni la mort ni la vie, ni les anges ni les dominations, ni les choses présentes ni les choses à venir, ni les puissances, ni la hauteur, ni la profondeur, ni aucune autre créature ne pourra nous séparer de l'amour de Dieu manifesté en Jésus Christ notre Seigneur. » Paul a posé la question de savoir si quelque chose sur terre peut nous séparer de l'amour de Dieu (Romains 8:35a), et il a répondu à cette question par un *non retentissant* en énumérant toutes les forces possibles qui ne peuvent pas créer une telle séparation, c'est-à-dire tout (Romains 8:35b-39).

En effet, son amour est éternel. Quelle pensée réconfortante! Même si le monde entier, y compris nos proches, nous déteste et nous rejette, nous pouvons être réconfortés. Le Roi de l'univers qui nous a créés et qui a envoyé Son Fils mourir pour nous ne cessera jamais de nous aimer. Il ne nous haïra ni ne nous reniera jamais, même si nous échouons lamentablement. Pierre a échoué lamentablement en reniant Jésus trois fois. Pourtant, Jésus est venu personnellement vers lui et l'a assuré de son amour (Jean 21:15-17). Même lorsque nous traversons des épreuves intenses et que nous avons l'impression que Dieu est distant ou qu'il nous a simplement oubliés, nous n'avons pas besoin de nous décourager. Dieu nous a aimés d'un amour éternel.

Nous avons donc vu quatre belles caractéristiques de l'amour de Dieu : il est volontaire, saint, sacrificiel et éternel. Quelles sont les implications de cette connaissance? Il y en a deux en particulier : ***notre*** *amour pour Dieu et notre amour pour notre prochain devraient augmenter.*

Dans Matthieu 22:37-39, Jésus nous enseigne les deux commandements les plus importants : « Jésus lui répondit: Tu aimeras le Seigneur, ton Dieu, de tout ton coeur, de toute ton âme, et de toute ta pensée. C'est le premier et le plus grand commandement. Et voici le second, qui lui est semblable: Tu aimeras ton prochain comme toi-même. » Voyons brièvement comment cela peut se réaliser de manière pratique.

1. NOTRE AMOUR POUR DIEU DEVRAIT AUGMENTER

Notre amour pour Dieu devrait augmenter dans des domaines pratiques tels que les   suivants :

Louange. Remarquez comment Jean a éclaté en louanges en réfléchissant à l'amour de Dieu : « Voyez quel amour le Père nous a témoigné, pour que nous soyons appelés enfants de Dieu! Et nous le sommes. » (1 Jean 3:1). Nous devons constamment Le louer de nous aimer sans compromettre Sa nature sainte. Nous ne devons pas nous plaindre ni nous mettre en colère contre Lui lorsqu'Il nous discipline. C'est pour notre bien. Son amour saint nous enseigne à rechercher la sainteté dans tout ce que nous pensons et faisons.

Pureté. Remarquez comment Jean nous appelle également à rechercher la pureté : « Quiconque a cette espérance en lui se purifie, comme lui-même est pur. »

(1 Jean 3:3). Comment pouvons-nous blesser Celui qui nous a aimés malgré notre misère?

Écritures et prière. Nous exprimons également notre amour pour Dieu en passant du temps à lire la Bible (en l'écoutant) et en priant (en lui parlant).

Le don sacrificiel. L'amour sacrificiel de Dieu, par lequel il nous a donné le meilleur de lui-même, exige que nous ne refusions jamais rien qui soit utilisé pour les desseins de Dieu. Notre argent, notre temps et nos biens appartiennent tous à Dieu. Nous devons nous demander : Est-ce que donner mon temps et mon argent pour les desseins de Dieu comprend un élément *sacrificiel?* Si ce n'est pas le cas, nous devons nous repentir et réagir correctement. David a dit dans 2 Samuel 24:24 : « Je n'offrirai pas à l'Éternel, MON Dieu, des holocaustes qui ne me coûtent rien. » Lorsque nous aimons quelqu'un, nous ne calculons pas le prix. Marie n'a pas calculé le prix lorsqu'elle a versé le parfum coûteux sur Jésus (Jean 12:3). Pourquoi? Elle a été émue par l'amour de Jésus pour elle et, en réponse, elle a exprimé son amour pour Lui de manière sacrificielle.

Une confiance continue. Nous devons continuer à lui faire confiance —même lorsque les choses semblent sombres. Celui qui persévère dans son amour pour nous mérite la même chose de notre part.

2. NOTRE AMOUR POUR NOTRE PROCHAIN DEVRAIT AUGMENTER

Éphésiens 5:1-2 dit : « Devenez donc les imitateurs de Dieu, comme des enfants bien-aimés; et marchez dans la charité, à l'exemple de Christ, qui nous a aimés, et qui s'est livré lui-même à Dieu pour nous comme une offrande et un sacrifice de bonne odeur. » Et puis dans 1 Jean 4:11-12, nous lisons : « Bien-aimés, si Dieu nous a ainsi aimés, nous devons aussi nous aimer les uns les autres. Personne n'a jamais vu Dieu; si nous nous aimons les uns les autres, Dieu demeure en nous, et son amour est parfait en nous. »

Voici quelques façons dont nous pouvons imiter l'amour de Dieu à travers notre amour pour notre prochain.

L'amour volontaire. Tout comme l'amour de Dieu envers nous n'est pas basé sur notre mérite, notre amour pour les autres devrait être le même. Nous devrions être prêts à aimer les autres, quelle que soit leur couleur de peau, la langue qu'ils parlent, leur niveau d'éducation, leur richesse ou leur méchanceté.

Amour saint. Nous lisons dans 1 Corinthiens 13:6 : « elle (l'amour) ne se réjouit point de l'injustice, mais elle se réjouit de la vérité; » Si nous voulons imiter l'amour de Dieu de cette manière particulière, notre amour pour les autres ne doit pas nous amener à être indifférents ou à garder le silence sur leurs péchés. Nous devons, par amour, les avertir. De plus, nous ne devons rien faire qui puisse leur faire du mal. Nos paroles envers les autres doivent être pleines d'amour et de gentillesse. Nous devons toujours dire des mots qui édifient les autres, et non les démolissent. Cela signifie ne pas mentir, ni commettre des commérages, ni calomnier, ni parler de manière pécheresse (Éphésiens 4:29). Cela signifie également ne pas nuire aux autres par nos actions (1 Corinthiens 10:31-33).

Amour sacrificiel. Jean nous montre clairement comment nous devrions réagir à la lumière de cet amour sacrificiel dans 1 Jean 3:16 : « Nous avons connu l'amour, en ce qu'il a donné sa vie pour nous; nous aussi, nous devons donner notre vie pour les frères. » Jean donne ensuite un exemple de la manière dont cet amour sacrificiel peut s'exprimer dans un sens pratique aux versets 17 et 18 : « Si quelqu'un possède les biens du monde, et que, voyant son frère dans le besoin, il lui ferme ses entrailles, comment l'amour de Dieu demeure-t-il en lui? Petits enfants, n'aimons pas en paroles et avec la langue, mais en actions et avec vérité. »

Amour éternel. Puisque Dieu ne cesse nous aimer même quand nous le trahissons, nous ne pouvons pas non plus cesser d'aimer les gens quand ils nous trahissent. 1 Corinthiens 13:4 et 7 nous rappelle que « l'amour est patient, l'amour est plein de bonté… [l'amour] espère toujours, il persévère. » Est-ce que notre amour est pareil? Y a-t-il quelqu'un avec qui nous sommes indifférents dans notre amour ? Alors, nous devons corriger cela. Le fait de réaliser que nous sommes aimés d'un amour éternel devrait nous motiver à aimer les autres de la même manière.

Une meilleure compréhension de l'amour de Dieu devrait *toujours* nous conduire à un plus grand amour pour notre prochain, y compris en parlant aux personnes perdues qui nous entourent de l'amour de Dieu tel qu'il s'exprime à travers le Christ. Aimer Dieu et aimer les autres sont des preuves indissociables d'un cœur véritablement transformé. Lorsque l'amour pour l'un ou l'autre manque, l'œuvre du Saint-Esprit manque, ce qui indique que l'on n'est pas sauvé. C'est ce que déclare la Parole de Dieu dans 1 Jean 4:20 : « Si quelqu'un dit: J'aime Dieu, et qu'il haïsse son frère, c'est un menteur; car celui qui n'aime pas son frère qu'il voit, comment peut-il aimer Dieu qu'il ne voit pas? »

Ce pouvoir surnaturel d'aimer les autres, y compris nos ennemis, est une preuve authentique que le Saint-Esprit habite en nous, indiquant ainsi que nous sommes enfants de Dieu (Jean 13:34-35). Nous sommes appelés à ressembler à Dieu qui est amour. Nous devons donc lui demander de nous enseigner et de nous dynamiser par le Saint-Esprit pour l'aimer, lui et les autres, d'un amour semblable à son amour pour nous.

Si vous n'êtes pas encore chrétien, je vous invite à accepter l'offre pleine d'amour que Dieu vous fait d'embrasser son Fils, Jésus-Christ, qui a été crucifié pour vos péchés et qui est ressuscité pour le pardon de vos péchés. Vous ne savez pas ce qu'est le véritable amour tant que vous n'avez pas goûté l'amour de Dieu offert par Jésus-Christ. Jésus lui-même vous invite avec amour à travers ces paroles :

> **Matthieu 11:28-30** – *Venez à moi, vous tous qui êtes fatigués et chargés, et je vous donnerai du repos. Prenez mon joug sur vous et recevez mes instructions, car je suis doux et humble de cœur, et vous trouverez du repos pour vos âmes. Car mon joug est facile, et mon fardeau léger.*

Si vous hésitez à accepter son invitation à venir à lui parce que vous sentez que vous avez beaucoup péché et que vous doutez que Jésus vous acceptera un jour, permettez-moi de vous rappeler les paroles pleines d'amour et d'assurance de Jésus : « je ne mettrai pas dehors celui qui vient à moi; » (Jean 6:37b). Alors, sans plus attendre, venez à lui et goûtez à son amour éternel. David a dit dans le Psaume 34:8 : « Sentez et voyez combien l'Éternel est bon! Heureux l'homme qui cherche en lui son refuge! » Si vous rejetez cette invitation pleine d'amour de Dieu, le temps viendra où vous ne pourrez plus jamais connaître ce qu'est l'amour pour toute l'éternité! Tout ce que vous aurez à expérimenter consciemment pour toute l'éternité sera la terrible colère de Dieu.

QUESTIONS DE DISCUSSION

1. Comment ce chapitre a-t-il affecté votre vision de la sainteté de Dieu?

2. Quels changements de vie pourriez-vous apporter à la lumière de cet attribut de Dieu?

3. Comment cet attribut de Dieu affecte-t-il vos prières?

4. Comment cet attribut de Dieu affecte-t-il votre évangélisation?

VERSET BIBLIQUE POUR LA MÉDITATION/MÉMORISATION

Jérémie 31:3 – *Je t'aime d'un amour éternel; C'est pourquoi je te conserve ma bonté.*

PRIÈRE

Seigneur miséricordieux,
ton nom est amour. Reçois ma prière avec
amour.
Mes péchés sont plus nombreux que le sable de
la mer,
mais là où le péché abonde,
la grâce est plus abondante.
Regarde la croix de ton Fils bien-aimé
et vois la valeur de son sang expiatoire.
Écoute son intercession infaillible
et murmure à mon cœur : « Tes péchés sont

pardonnés,
prends courage, repose-toi en paix. » …
Sans que je le cherche, tu m'as donné
le plus grand don, la personne de ton Fils,
et en lui tu me donneras tout ce dont j'ai besoin.

La Sagesse de Dieu

La sagesse de Dieu fait référence à sa capacité de connaître toutes choses et de choisir les objectifs les meilleurs et les plus élevés ainsi que les meilleurs moyens pour atteindre ces objectifs afin d'être glorifié le plus possible.

La sagesse de Dieu est aussi connue sous le nom d'*omnisapience* de Dieu (en latin, *omni* signifie « tout » et *sapient* signifie « sage »). Dans la conclusion de sa lettre aux Romains, l'apôtre Paul écrit : « à Dieu, seul sage, soit la gloire aux siècles des siècles, par Jésus Christ! Amen! » (Romains 16:27). Avez-vous remarqué comment il décrit Dieu comme Le « Seul Sage » ? Plus tôt dans Romains 11:33, Paul a loué Dieu pour sa sagesse et sa connaissance de cette manière : « O profondeur de la richesse, de la sagesse et de la science de Dieu! Que ses jugements sont insondables, et ses voies incompréhensibles!

Bien que nous ne puissions jamais comprendre pleinement cet attribut de Dieu, et encore moins n'importe quel autre de Ses attributs, nous allons essayer de mieux le comprendre en posant et en répondant à quatre questions :

1. Quelle est la sagesse de Dieu?
2. Comment Dieu manifeste-t-il sa sagesse?
3. Comment Dieu nous communique-t-il sa sagesse?
4. Comment pouvons-nous savoir si nous grandissons dans la sagesse de Dieu?

1. QUELLE EST LA SAGESSE DE DIEU?

La connaissance désigne ce que l'on sait. La sagesse désigne l'application de cette connaissance. Dans la Bible, la sagesse a une dimension intellectuelle et morale. Ainsi, lorsque la Bible décrit Dieu comme sage, elle veut dire ceci : un Dieu omniscient (le côté intellectuel) a la capacité de choisir les objectifs les meilleurs et les plus élevés (le côté moral) et les meilleurs moyens pour atteindre ces objectifs afin d'être glorifié au maximum.

En d'autres termes, la sagesse de Dieu est le côté pratique de la connaissance de Dieu, qui, lorsqu'elle est appliquée, accomplit Ses désirs de la manière qui Le glorifiera le plus. Et quoi que Dieu, dans Sa sagesse, ait choisi d'accomplir, Il le fera parce qu'Il en a le pouvoir. Rappelez-vous, Dieu est omnipotent. Il a tout pouvoir, comme nous l'avons vu dans le chapitre « La puissance de Dieu. » C'est pourquoi l'Écriture associe souvent la sagesse de Dieu à la puissance de Dieu. En voici des exemples précis :

> **Job 9:4** – *A lui la sagesse et la toute-puissance: Qui lui résisterait impunément?*

> **Daniel 2:20** – *Béni soit le nom de Dieu, d'éternité en éternité! A lui appartiennent la sagesse et la force.*

> **Romains 16:25-26** – *A celui qui peut vous affermir selon mon Évangile et la prédication de Jésus Christ, conformément à la révélation du mystère caché pendant des siècles, mais manifesté maintenant par les écrits des prophètes,*

Ainsi, la sagesse de Dieu est un Dieu omniscient avec la capacité (ou le pouvoir) de choisir les meilleurs et les plus hauts objectifs et les meilleurs moyens pour atteindre ses désirs afin de se glorifier le plus possible!

2. COMMENT DIEU MANIFESTE-T-IL SA SAGESSE?

Nous pouvons voir la sagesse de Dieu se manifester dans au moins quatre domaines.

Dans la Création. Nous lisons dans le Psaume 104:24 : « Que tes oeuvres sont en grand nombre, ô Éternel! Tu les as toutes faites avec sagesse. La terre est remplie de tes biens.. » L'agencement de l'univers tout entier et la façon unique dont notre corps est créé témoignent clairement de la sagesse de Dieu.

En Rédemption. Nous lisons dans 1 Corinthiens 1:18 et au verset 25 ces mots : « Car la prédication de la croix est une folie pour ceux qui périssent; mais pour nous qui sommes sauvés, elle est une puissance de Dieu.... Car la folie de Dieu est plus sage que les hommes, et la faiblesse de Dieu est plus forte que les hommes. » Dans ces versets, Paul dit essentiellement que le message de la croix est une folie pour ceux qui ne croient pas (c'est-à-dire les « sages » du monde). Qui aurait pensé à une telle façon de sauver les gens? Pourtant, ceux qui croient comprennent la sagesse de Dieu à travers ce message. Dieu accomplit son œuvre salvatrice de cette manière (c'est-à-dire en prêchant sur la croix) afin que « personne ne se glorifie devant lui » (1 Corinthiens 1:29)!

Dans l'Église. Lorsque Paul a prêché l'Évangile aux Juifs et aux Païens, après avoir cru, ces deux groupes, qui avaient été divisés racialement pendant des siècles, sont devenus un seul corps unifié en Christ. Éphésiens 3:6 dit : « Ce mystère, c'est que les païens sont cohéritiers, forment un même corps, et participent à la même promesse en Jésus Christ par l'Évangile » En réunissant ces deux groupes, Dieu a accompli son dessein : « de mettre en lumière quelle est la dispensation du mystère caché de tout temps en Dieu qui a créé toutes choses, afin que les dominations et les autorités dans les lieux célestes connaissent aujourd'hui par l'Église la sagesse infiniment variée de Dieu, selon le dessein éternel qu'il a mis à exécution par Jésus Christ notre Seigneur, » (Éphésiens 3:9-11). Par exemple, même les anges et les démons voient la puissance de personnes de différentes origines raciales, culturelles et économiques lorsqu'elles se rassemblent en un seul corps en Christ. Et cela révèle profondément la sagesse de Dieu et, en fin de compte, lui apporte la gloire.

Dans la vie des croyants. Lorsque Dieu a créé l'univers entier, y compris les humains, il a désiré être glorifié et honoré à travers eux. On nous dit dans Apocalypse 4:11 : « Tu es digne, notre Seigneur et notre Dieu, de recevoir la gloire et l'honneur et la puissance; car tu as créé toutes choses, et c'est par ta volonté qu'elles existent et qu'elles ont été créées. » En d'autres termes, nous avons été créés pour avoir Dieu comme notre seul trésor et objet d'amour. L'aimer de tout notre cœur, de tout notre âme et de toute notre force est le but de notre existence.

Cependant, à cause de l'entrée du péché et de ses effets dévastateurs, ce but a été entravé – pendant un certain temps! Cependant, par l'Évangile, Dieu travaille à ramener toutes choses à Lui-même pour atteindre ce but originel de toute la création qui Le glorifie et L'honore comme Il le mérite. Cet objectif comprend la formation d'un peuple pour Lui-même qui L'aimera, Le chérira et L'honorera par-dessus tout : le peuple connu sous le nom de Ses enfants – cela nous inclut, vous et moi! Et cet objectif sera pleinement réalisé lorsque nous serons tous rendus semblables à Jésus-Christ. C'est Son but pour les croyants. Voici quelques textes qui mettent en évidence cette merveilleuse vérité.

Romains 8:28-29 – *Nous savons, du reste, que toutes choses concourent au bien de ceux qui aiment Dieu, de ceux qui sont appelés selon son dessein. Car ceux qu'il a connus d'avance, il les a aussi prédestinés à être semblables à l'image de son Fils, afin que son Fils fût le premier-né entre plusieurs frères.*

1 Corinthiens 15:49 – *Et de même que nous avons porté l'image du terrestre, nous porterons aussi l'image du céleste.*

Philippiens 3:20-21 – *Mais notre cité à nous est dans les cieux, d'où nous attendons aussi comme Sauveur le Seigneur Jésus Christ, qui transformera le corps de notre humiliation, en le rendant semblable au corps de sa gloire, par le pouvoir qu'il a de s'assujettir toutes choses.*

Ainsi, Dieu fait en sorte que tous les événements, les joies comme les souffrances de notre vie, nous conduisent à l'accomplissement de cette réalité ultime : être comme son Fils! Mais si nous ne parvenons pas à comprendre cette vérité, nous n'accepterons pas volontiers sa volonté, surtout lorsque nous sommes confrontés à des épreuves!

Nous devons nous rappeler que même Jésus n'a pas été exempté de souffrances (Hébreux 2:10). Et nous sommes appelés à marcher sur ses traces (1 Jean 2:6)! C'est pourquoi nous ne devons pas perdre de vue notre objectif lorsque la souffrance survient. Nous devons réagir comme Paul l'a fait, même face à des épreuves incessantes, en nous accrochant à la grâce de Dieu (2 Corinthiens 12:7-10). Nous devons faire confiance à Dieu et nous soumettre à ses voies car, à travers TOUTES les situations de notre vie, un Dieu infiniment sage cherche à se glorifier en nous façonnant à l'image du Christ.

3. COMMENT DIEU NOUS COMMUNIQUE-T-IL SA SAGESSE?

Certains attributs de Dieu sont incommunicables (par exemple, l'omnipotence, l'omniscience, l'éternité, etc.). Cependant, la sagesse est un attribut transmissible. Comment le savons-nous? Parce que la Bible le dit ! De nombreux commandements de la Bible nous appellent à grandir en sagesse. La majeure partie du livre des Proverbes soutient cette vérité.

> **Proverbes 1:1-2** – *Proverbes de Salomon, fils de David, roi d'Israël, Pour connaître la sagesse et l'instruction, Pour comprendre les paroles de l'intelligence;*

Proverbes 4:5 – *Acquiers la sagesse, acquiers l'intelligence; N'oublie pas les paroles de ma bouche, et ne t'en détourne pas.*

Proverbes 5:1 – *Mon fils, sois attentif à ma sagesse, Prête l'oreille à mon intelligence,*

Non seulement les Proverbes, mais d'autres livres de la Bible mentionnent également cette même idée.

Matthieu 10:16b – *Soyez donc prudents comme les serpents, et simples comme les colombes.*

Éphésiens 5:15 – *Prenez donc garde de vous conduire avec circonspection, non comme des insensés, mais comme des sages;*

Ces passages de l'Écriture montrent clairement que Dieu veut nous transmettre la sagesse. Alors, comment la recevoir?

Premièrement, nous devons prendre conscience de notre besoin de sagesse. Ce que nous possédons et dont nous nous vantons comme étant de la sagesse (c'est-à-dire de la sagesse humaine) est une folie devant Dieu. Nous devons humblement reconnaître que nous n'avons pas la sagesse que la Bible décrit comme étant la vraie sagesse. Nous devrions, comme Agur, confesser ceci à Dieu : « Certes, je suis plus stupide que personne, Et je n'ai pas l'intelligence d'un homme; Je n'ai pas appris la sagesse, Et je ne connais pas la science des saints. » (Proverbes 30:2-3).

Deuxièmement, nous devons comprendre que Dieu donnera la sagesse à ceux qui la lui demandent. Proverbes 2:6 nous l'assure : « Car l'Éternel donne la sagesse; De sa bouche sortent la connaissance et l'intelligence; » Il n'est pas étonnant que Paul ait souvent prié pour que d'autres croyants aient de la sagesse dans leur vie (Philippiens 1:9-11; Colossiens 1:9). Cependant, lorsque nous nous questionnons, notre demande doit être marquée par ces quatre attitudes :

1. Crainte de l'Éternel (Psaume 11:10; Proverbes 1:7, 9:10).
2. Persistance (Proverbes 2:1-6).
3. Humilité (Proverbes 11:2).
4. La foi (Jacques 1:5, surtout dans le contexte des épreuves).

Troisièmement, nous devons comprendre que Dieu nous donne la sagesse par sa Parole. Seules les Écritures révèlent comment nous pouvons être sauvés (2 Timothée 3:15) et comment nous pouvons être sanctifiés (c'est-à-dire grandir en sainteté) (2 Timothée 3:16; Jean 17:17; Actes 20:32; Deutéronome 4:5-8; Psaumes 19:7, 119:11). C'est pourquoi Jésus a dit que nous « ne vivrons pas de pain seulement, mais de toute parole qui sort de la bouche de Dieu » (Matthieu 4:4). Malheureusement, aujourd'hui, la plupart des croyants déclarés se servent des médias sociaux, de la télévision ou d'autres moyens, au lieu d'étudier directement les Écritures (la Bible). On ne peut pas grandir en sagesse véritable sans les Écritures! C'est la

Parole, telle qu'appliquée par le Saint-Esprit, que Dieu utilise pour nous aider à grandir en sagesse et en compréhension. Bien sûr, la simple connaissance ne sera d'aucune utilité. Nous devons obéir à ce que Dieu nous enseigne. Sinon, nous nous trompons nous-mêmes (Jacques 1:22)!

Lorsque les trois attitudes mentionnées ci-dessus suivent notre demande, nous pouvons être *sûrs* que Dieu nous donnera la sagesse. Pourquoi? Parce qu'un tel désir indique que nous cherchons à appliquer cette sagesse afin de glorifier Dieu et non nous-mêmes! Et nous pouvons être sûrs qu'une telle attitude plaît à Dieu, et que Dieu *déversera* sa sagesse sur de tels cœurs.

4. Comment pouvons-nous savoir si nous grandissons dans la sagesse de Dieu?

Jacques 3:13-18 est un bon test :

Lequel d'entre vous est sage et intelligent? Qu'il montre ses oeuvres par une bonne conduite avec la douceur de la sagesse. Mais si vous avez dans votre coeur un zèle amer et un esprit de dispute, ne vous glorifiez pas et ne mentez pas contre la vérité. Cette sagesse n'est point celle qui vient d'en haut; mais elle est terrestre, charnelle, diabolique. Car là où il y a un zèle amer et un esprit de dispute, il y a du désordre et toutes sortes de mauvaises actions. La sagesse d'en haut est premièrement pure, ensuite pacifique, modérée, conciliante, pleine de miséricorde et de bons fruits, exempte de duplicité, d'hypocrisie. Le fruit de la justice est semé dans la paix par ceux qui recherchent la paix.

Comment notre vie s'aligne-t-elle avec ce que dit Jacques? Notre réponse à cette question nous dira si nous grandissons ou non. Ainsi, quatre questions sur la sagesse ont été posées et répondues :

1. Quelle est la sagesse de Dieu?
2. Comment Dieu manifeste-t-il sa sagesse?
3. Comment Dieu nous communique-t-il sa sagesse?
4. Comment pouvons-nous savoir si nous grandissons dans la sagesse de Dieu?

Comme je l'ai dit plus tôt, Paul a affirmer que nous ne pourrons jamais comprendre pleinement les voies de Dieu. Elles dépassent notre entendement (Romains 11:33). Même dans l'Ancien Testament, Dieu nous l'a clairement indiqué par l'intermédiaire d'Esaïe : « Car mes pensées ne sont pas vos pensées, Et vos voies ne sont pas mes voies, Dit l'Éternel. Autant les cieux sont élevés au-dessus de la terre, Autant mes voies sont élevées au-dessus de vos voies, Et mes pensées au-dessus de vos pensées. » (Esaïe 55:8-9). Oui, il y aura toujours des moments où nous ne pourrons pas comprendre pourquoi certains événements nous sont arrivés. Il peut sembler difficile de comprendre et de suivre les commandements de Dieu dans ces occasions. Quelle devrait être notre réaction dans de tels moments? Voici quelques réponses tirées des Écritures :

> **Proverbes 3:5-6** – *Confie-toi en l'Éternel de tout ton coeur, Et ne t'appuie pas sur ta sagesse; Reconnais-le dans toutes tes voies, Et il aplanira tes sentiers.*

> **1 Pierre 4:19** – *Ainsi, que ceux qui souffrent selon la volonté de Dieu remettent leurs âmes au fidèle Créateur, en faisant ce qui est bien.*

Cher frère et soeur en Christ, n'oubliez pas que le but ultime de Dieu pour nous est de nous amener à un état où nous serons comme son Fils et, ainsi, lui plaire pleinement. Nous aurons de la difficulté à nous soumettre à sa volonté si nous oublions cette vérité. Cependant, l'accepter de tout notre coeur nous permettra de vivre une vie qui sera non seulement joyeuse, mais aussi une vie qui continuera à glorifier Dieu de manière continue et croissante.

Cher ami non-chrétien, si vous n'êtes pas croyant ou si vous jouez simplement le jeu du chrétien, rappelez-vous que votre sagesse est une folie devant Dieu (Romains 1:21). Vous devez vous tourner vers la sagesse de Dieu telle qu'elle a été manifestée sur la croix. Vous devez vous détourner de vos manières de vouloir plaire à Dieu et vous tourner vers sa voie. Et cela en regardant comment Son Fils, Jésus, a vécu : Une vie parfaite (que vous ne pouvez pas vivre même une seconde), Il est mort sur la croix et Il est ressuscité.

Venez à Jésus « en qui sont cachés tous les trésors de la sagesse et de la connaissance » (Colossiens 2:3). Placez votre foi en Lui et suivez-Le. C'est la chose la plus sage que vous puissiez faire!

Questions de discussion --

1. Comment ce chapitre a-t-il affecté votre vision de la sainteté de Dieu?

2. Quels changements de vie pourriez-vous apporter à la lumière de cet attribut de Dieu?

3. Comment cet attribut de Dieu affecte-t-il vos prières?

4. Comment cet attribut de Dieu affecte-t-il votre évangélisation?

Verset biblique pour la méditation/mémorisation -----------------------

Romains 11:33 – *O profondeur de la richesse, de la sagesse et de la science de Dieu! Que ses jugements sont insondables, et ses voies incompréhensibles!*

Prière --

Père, Tu es le Dieu infiniment sage. Dans Ta sagesse, Tu as créé toutes choses. Tu as planifié chaque étape de ma vie du début à la fin. Quelle folie de ma part de penser et d'agir souvent comme si mes voies étaient meilleures que les tiennes. Protège-moi de suivre mes propres voies, Père. Aide-moi à faire confiance à Ta sagesse et à Tes voies telles que Tu les révèles à travers les Écritures, même si cela me conduit sur des chemins difficiles. S'il te plaît, guide-moi et aide-moi à Te plaire dans toutes mes voies. Amen!

La colère de Dieu

La colère de Dieu fait référence à sa haine éternelle et sainte contre tout péché, qui l'amène à le punir.

L'un des enseignements les plus négligés de l'Église et de nombreux chrétiens déclarés est la vérité sur la colère de Dieu. Même la mention de cet attribut est répulsive pour beaucoup. Et lorsqu'on est obligé de faire face à la colère de Dieu, on a tendance à le faire en s'excusant, presque comme si on disait : « Je suis désolé que la Bible décrive Dieu comme un Dieu de colère. »

Souvent, la raison de cette attitude négative est la difficulté des gens à accepter qu'un Dieu d'amour soit aussi un Dieu de colère. Ils se demandent : « Comment un Dieu d'amour et de miséricorde pourrait-il être aussi un Dieu de punition? » Cette façon de penser est due à une vision erronée de Dieu qui découle d'un manque de compréhension de ce que la Bible dit à propos des attributs de Dieu dans leur ensemble. En général, lorsque nous utilisons le mot « colère, » la première chose qui vient à l'esprit de beaucoup est un maniaque qui court partout avec une arme à feu et tire sur des gens sans discrimination. Ils ont tendance à considérer Dieu de la même manière que quelqu'un qui tue arbitrairement ou inflige de la douleur à des gens simplement parce qu'il a perdu son sang-froid. Rien n'est plus éloigné de la vérité. Contrairement à la colère humaine pécheresse, la colère de Dieu est en accord avec sa nature sainte.

Dieu est saint. Et le péché – tout type de péché – s'oppose à la nature sainte de Dieu. Autrement dit : le péché est tout ce qui est à l'opposé de ce qu'est Dieu. Comment un Dieu souverain peut-il tolérer tout ce qui s'oppose à Lui et pourtant rester souverain? Non, Dieu doit punir le péché conformément à Son caractère saint et juste. Imaginez un Dieu saint qui ne haïrait pas le péché ou qui n'en serait même pas troublé. Pourrions-nous Le louer pleinement pour être un Dieu juste sans aucune réserve? En effet, nous ne le pourrions pas!

Par conséquent, nous ne devons pas considérer la colère de Dieu comme un attribut négatif ou comme quelque chose qui s'oppose à ses autres attributs, tels que l'amour, la miséricorde, la bonté et la bienveillance. Dieu est la somme de toutes les perfections. Alors que Dieu peut aimer parfaitement, il peut aussi haïr parfaitement tout ce qui s'oppose au bien, à savoir le mal. Dieu ne peut pas être parfait s'il ne s'occupe pas du péché. C'est pourquoi il ne faut pas s'étonner que la Bible parle fréquemment de la colère de Dieu. En fait, Dieu lui-même décrit sa colère en termes vivants, sans aucune honte ni excuse :

> **Deutéronome 32:39-41** – *Sachez donc que c'est moi qui suis Dieu, Et qu'il n'y a point de dieu près de moi; Je fais vivre et je fais mourir, Je blesse et je guéris, Et personne ne délivre de ma main. Car je lève ma main vers le ciel, Et je dis: Je vis éternellement! Si j'aiguise l'éclair de mon épée Et si ma main saisit la justice, Je me vengerai de mes adversaires Et je punirai ceux qui me haïssent;* Celui qui se complaît dans tout ce qui est pur et beau doit, par nature, détester aussi tout ce qui est impur et sale. Et cela est tout à fait logique.

Dieu n'est pas le seul à proclamer sans honte sa colère. Les prophètes de l'Ancien Testament et les apôtres du Nouveau Testament n'ont pas eu honte non plus de la prêcher.

> **Esaïe 30:27** – *Voici, le nom de l'Éternel vient de loin; Sa colère est ardente, c'est un violent incendie; Ses lèvres sont pleines de fureur, Et sa langue est comme un feu dévorant;*

> **Romains 1:18** – *La colère de Dieu se révèle du ciel contre toute impiété et toute injustice des hommes qui retiennent injustement la vérité captive.*

Dieu n'a donc pas honte de décrire sa colère. Les prophètes et les apôtres n'en avaient pas honte. Et nous ne devrions pas non plus en avoir honte! En punissant le mal, Dieu exerce la justice. Il montre qu'Il est un Dieu juste. Il en va de même pour la haine. Nous avons tendance à considérer la haine comme une mauvaise chose, mais en vérité, Dieu déteste des choses, beaucoup de choses. On ne peut pas aimer quelque chose sans haïr son contraire. Donc, si vous aimez la vérité, vous devez haïr le mensonge. Si vous ne haïssez pas le mensonge, alors vous n'aimez pas vraiment la vérité. Si vous aimez la liberté, vous devez haïr l'esclavage. Donc, si Dieu nous aime, Il doit haïr ce qui pourrait nous détruire.

Nous louons les tribunaux humains lorsqu'ils exercent la justice contre ceux qui ont commis des actes répréhensibles. Comment devrions-nous louer un Dieu saint qui, dans sa colère, exerce une justice *parfaite* contre les malfaiteurs? L'Écriture témoigne que nous nous réjouirons lorsque Dieu exécutera pleinement sa colère contre tous ses ennemis – un concept qui peut être un peu difficile à saisir à présent puisque nous sommes encore des humains en chair et en os.

Deutéronome 32:43 – *Nations, chantez les louanges de son peuple! Car l'Éternel venge le sang de ses serviteurs, Il se venge de ses adversaires, Et il fait l'expiation pour son pays, pour son peuple.*

> **Apocalypse 19:1-3** – *Après cela, j'entendis dans le ciel comme une voix forte d'une foule nombreuse qui disait: Alléluia! Le salut, la gloire, et la puissance sont à notre Dieu, parce que ses jugements sont véritables et justes; car il a jugé la grande prostituée qui corrompait la terre par son impudicité, et il a vengé le sang de ses serviteurs en le redemandant de sa main. Et ils dirent une seconde fois : Alléluia! ... et sa fumée monte aux siècles des siècles.*

Nous apprenons de ces versets cette vérité : Tout comme nous remercions et louons Dieu pour avoir montré sa miséricorde et son amour, nous devrions également le remercier et le louer pour avoir manifesté sa colère.

Pour les auteurs bibliques, l'Évangile ne commence pas par « Dieu est amour. » Il commence par le fait que Dieu est juste et saint et que nous sommes tous en deçà de sa norme de sainteté. Nous ne sommes pas en règle avec Dieu et devons donc l'être avec lui. C'était leur point de départ pour la prédication de l'Évangile, et cela devrait également être notre point de départ. Par conséquent, plutôt que d'être mal à l'aise avec l'idée de la colère de Dieu, j'espère que nous nous efforcerons de proclamer sans honte cet attribut de Dieu, tout comme nous le faisons pour les autres attributs.

Quelles sont donc les implications des vérités concernant la colère de Dieu?

QUATRE IMPLICATIONS POUR LE CHRÉTIEN

1. NOUS N'AVONS PLUS À CRAINDRE LA COLÈRE DE DIEU

Bien que nous étions (au passé) enfants de colère (Éphésiens 2:3), nous sommes désormais enfants de Dieu et cohéritiers de Christ (Romains 8:16-17). 1 Thessaloniciens 1:10b nous promet que « Jésus… nous délivrera de la colère à venir. »

Les non-croyants n'aiment pas être confrontés à la colère de Dieu parce qu'au fond d'eux-mêmes, ils savent qu'ils sont coupables. Leur seul espoir réside dans leur propre justice et dans le fait que leurs bonnes œuvres les mèneront au ciel. Ce n'est pas un espoir solide que de compter sur ses propres efforts. Cependant, en tant que croyants, nous ne comptons pas sur notre propre justice. Nous comptons uniquement sur la justice de Christ, qui satisfait pleinement les normes saintes de Dieu. C'est pourquoi nous avons l'espoir solide et inébranlable que nous sommes en sécurité en Christ et que nous ne craignons donc plus la colère de Dieu.

2. NOUS REMERCIERONS DAVANTAGE DIEU

Le fait de savoir que nous ne subirons pas la colère de Dieu nous amènera à remercier Dieu encore plus. Lorsque nous réaliserons que notre avenir éternel est très sûr, non pas à cause de ce que nous avons fait, mais à cause de ce que Dieu a fait pour nous par Jésus, nous serons constamment remplis de reconnaissance (Psaume 116:12-13).

3. NOUS CRAINDRONS DAVANTAGE DIEU, DONC, NOUS HAÏRONS DAVANTAGE LE PÉCHÉ

Bien que le véritable chrétien ne subira jamais la colère de Dieu au sens de perdre son salut, un croyant peut parfois s'attendre à une discipline sévère en cas de péché non repenti (1 Corinthiens 11:28-32). Le fait de réfléchir constamment à la colère de Dieu permet au croyant de prendre le péché au sérieux, de ne pas trouver d'excuses pour une vie pécheresse et donc de haïr davantage le péché. Vivre une vie qui craint le Seigneur signifie concrètement haïr davantage le péché, comme le déclare Proverbes 8:13 : « La crainte de l'Éternel, c'est la haine du mal; L'arrogance et l'orgueil, la voie du mal, Et la bouche perverse, voilà ce que je hais. »

4. NOUS EXHORTERONS LES GENS À FUIR LA COLÈRE DE DIEU

Jean-Baptiste a exhorté le peuple à échapper à la colère de Dieu en se repentant de leurs péchés (Matthieu 3:7). Jésus a parlé de l'enfer plus que quiconque et nous a appelés à craindre Dieu en nous tournant vers Lui (Matthieu 10:28). Paul a averti le peuple de se tourner vers le Christ parce qu'il comprenait la colère de Dieu (2 Corinthiens 5:11).

Prêcher sur l'enfer n'est pas un acte dénué d'amour. Au contraire, c'est une chose très aimante, peu importe ce que le monde dit! Si nous aimons quelqu'un, comment ne pas lui parler du danger éternel qui l'attend s'il continue à vivre sans Christ? L'*essentiel* n'est pas seulement de prêcher la colère de Dieu, mais aussi de proclamer le pardon qu'il offre par le sacrifice du Christ sur la croix (Psaume 130:3; Romains 3:25-26).

DEUX IMPLICATIONS POUR LES NON-CHRÉTIENS

1. LA COLÈRE PASSÉE/PRÉSENTE DE DIEU GARANTIT LA COLÈRE FUTURE

Dans le passé. L'expulsion d'Adam et Ève du jardin d'Eden (Genèse 3), la destruction de tout ce qui se trouve sur cette terre, à l'exception de ce qui se trouvait dans l'arche de Noé, par le déluge universel (Genèse 7:23), la destruction de Sodome et Gomorrhe (Genèse 19) et la destruction de Jérusalem par Rome en 70 après J.-C. ne sont que quelques-unes des illustrations historiquement prouvées de la colère de Dieu contre ceux qui l'ont rejeté.

Dans le présent. Jean 3:36b dit : « Celui qui rejette le Fils ne verra point la vie, mais la colère de Dieu demeure sur lui. » Ceux qui sont loin de Jésus sont actuellement sous la colère de Dieu. Romains 1:18 dit : « La colère de Dieu se révèle du ciel contre toute impiété et toute injustice des hommes qui retiennent injustement la vérité captive, » Dans le présent, cette colère se manifeste par le fait que Dieu abandonne les pécheurs à leurs propres voies afin qu'ils puissent en récolter les conséquences s'ils persistent dans la méchanceté (Romains 1:24-32).

Dans le futur. Nous lisons dans 2 Thessaloniciens 1:7b-9, « lorsque le Seigneur Jésus apparaîtra du ciel avec les anges de sa puissance, au milieu d'une flamme de feu, pour punir ceux qui ne connaissent pas Dieu et ceux qui n'obéissent pas à l'Évangile de notre Seigneur Jésus. Ils auront pour châtiment une ruine éternelle, loin de la face du Seigneur et de la gloire de sa force, » Apocalypse 6-20 décrit plus en détail la colère future et finale de Dieu qui doit être déversée sur ceux qui refusent d'obéir à l'Évangile du Seigneur Jésus-Christ.

La Bible enseigne que Dieu ne peut pas mentir (Tite 1:2). Puisqu'il a promis de juger tous ceux qui rejettent le Christ, il tiendra sa parole. Ce n'est pas parce que Dieu ne juge pas immédiatement chaque acte mauvais qu'il faut croire qu'il ne jugera *jamais* le péché (Ecclésiaste 8:11-14).

Il y a l'histoire d'un fermier impie qui vivait dans une communauté de fermiers pieux. Quand les fermiers pieux se réunissaient dans une église de campagne tous les dimanches matin, cet homme faisait fonctionner son tracteur pour provoquer des troubles. Il a fait cela pendant plusieurs mois. Finalement, quand le temps des récoltes est arrivé en octobre, sa terre avait le rendement par acre le plus élevé de cette communauté. Avec fierté, il a écrit au journal local comment les chrétiens pouvaient expliquer son succès alors qu'il faisait cela contre Dieu et son peuple.

Le pasteur a répondu par une phrase : « *Dieu ne règle pas tous ses comptes en octobre.* »

Cher ami, si vous n'êtes pas chrétien, ne pensez pas que Dieu doit être content de vous parce que tout va bien aujourd'hui. Ne confondez pas sa patience avec le fait qu'il soit d'accord avec votre péché. Sa bonté ne doit pas être abusée, mais est destinée à vous conduire à une véritable repentance et à la foi en son Fils (Romains 2:4-5).

2. LA COLÈRE FUTURE DE DIEU DEVRAIT VOUS FAIRE COURIR VERS JÉSUS

La Bible dit : « C'est une chose terrible que de tomber entre les mains du Dieu vivant » (Hébreux 10:31). Sachez que vos péchés ont fait de vous un ennemi de Dieu. En conséquence, sa colère repose sur vous dans le présent et vous attend dans le futur. Veuillez implorer sa miséricorde. Vous devez désirer « fuir la colère à venir » (Matthieu 3:7) et courir vers la croix où Jésus-Christ a pris sur lui la colère de Dieu afin qu'il puisse pardonner librement vos péchés. Vous devez abandonner toute confiance en vous-même et crier humblement : « Ô Dieu, aie pitié de moi, un pécheur! » (Luc 18:13). C'est la seule façon d'être délivré de la colère à venir.

Cher ami, rien n'est aussi doux que la bonté et la patience de Dieu. Cependant, rien n'est plus terrible que sa colère à venir. La même eau qui peut étancher votre soif peut aussi être votre terrible ennemi quand elle arrive sous forme de déluge. Le même feu qui peut cuire votre nourriture peut aussi être votre terrible ennemi quand il vous brûle. De même, le même Dieu qui est patient et bon envers vous aujourd'hui se retournera un jour contre vous dans une terrible vengeance. Personne ne pourra vous délivrer de sa main ce jour-là. Aucun cri ni aucune supplication ne vous sauvera. Regardez vers Jésus, qui est mort sur la croix pour les péchés de tous et est ressuscité pour prouver que son sacrifice avait été accepté comme paiement complet pour ces péchés des hommes. Par Jésus, il y a un pardon complet.

Alors, tournez-vous vers Lui avec une véritable repentance et une foi sincère, maintenant, pendant qu'il en est encore temps! Il vous acceptera, peu importe à quel point vous avez été mauvais, et vous donnera un nouveau départ! Ne mourez pas dans vos péchés. Veuillez recevoir le don gratuit de Dieu, la vie éternelle par Jésus-Christ (Romains 6:23)!

QUESTIONS DE DISCUSSION --

1. Comment ce chapitre a-t-il affecté votre vision de la sainteté de Dieu?

2. Quels changements de vie pourriez-vous apporter à la lumière de cet attribut de Dieu?

3. Comment cet attribut de Dieu affecte-t-il vos prières?

4. Comment cet attribut de Dieu affecte-t-il votre évangélisation?

VERSET BIBLIQUE POUR LA MÉDITATION/MÉMORISATION------------------------

Psaume 7:11 – *Dieu est un juste juge, Dieu s'irrite en tout temps.*

PRIÈRE--

Père, j'ai souvent tendance à oublier que même si Tu es mon Père céleste, Tu es aussi un Dieu de colère. Tu détestes le péché et Tu le jugeras. Je suis reconnaissant que le Seigneur Jésus ait absorbé toute la colère que je mérite. S'il te plaît, fais-moi marcher avec crainte et tremblement pour m'empêcher de prendre le péché à la légère. Que Ta colère contre tous ceux qui se rebellent contre Toi me fasse supplier les perdus autour de moi de s'approcher de Jésus, qui seul peut nous sauver de Ton jugement à venir. Protège-moi d'avoir peur de parler de Ta colère lorsque je présente l'Évangile aux gens, mais de le prêcher avec amour et avec un grand sérieux. Amen!

La fidélité de Dieu

La fidélité de Dieu signifie qu'on peut lui faire confiance pour accomplir toutes ses promesses.

Salomon a écrit dans Proverbes 20:6 : « Beaucoup de gens proclament leur bonté; Mais un homme fidèle, qui le trouvera? » Nous vivons dans un monde qui prouve la véracité de ce proverbe. Des amitiés, des mariages et des relations d'affaires s'effondrent à cause de l'infidélité des êtres humains. Peut-être avez-vous, vous aussi, ressenti la profonde douleur de la trahison – de la part des mêmes personnes qui vous ont promis d'être fidèles jusqu'à la fin.

Dans l'obscurité de ces réalités, cet attribut de Dieu – sa fidélité – apporte un grand réconfort à l'âme blessée. La Bible déclare la fidélité de Dieu très tôt dans Deutéronome 7:9 : « Sache donc que c'est l'Éternel, ton Dieu, qui est Dieu. Ce Dieu fidèle garde son alliance et sa miséricorde jusqu'à la millième génération envers ceux qui l'aiment et qui observent ses commandements. » Nous lisons plus loin dans Deutéronome 32:4 : « Il est le rocher; ses oeuvres sont parfaites, Car toutes ses voies sont justes; C'est un Dieu fidèle et sans iniquité, Il est juste et droit. »

Contrairement aux êtres humains déchus dont la fidélité vacille souvent, Dieu ne vacille jamais dans sa fidélité. Moïse nous rappelle dans Nombres 23:19 : « Dieu n'est point un homme pour mentir, Ni fils d'un homme pour se repentir. Ce qu'il a dit, ne le fera-t-il pas? Ce qu'il a déclaré, ne l'exécutera-t il pas? » Le psalmiste Ethan l'Ezrachite écrit dans le Psaume 89:8 : « Éternel, Dieu des armées! qui est comme toi puissant, ô Éternel? Ta fidélité t'environne. » Paul nous rappelle dans Tite 1:2 (LSG) que « Dieu ne peut mentir. » L'auteur de l'épître aux Hébreux a dit : « Il est impossible que Dieu mente » (Hébreux 6:18). Agur nous rappelle que « toute parole de Dieu est parfaite » (Proverbes 30:5). Tous ces versets nous enseignent que l'on peut entièrement compter sur Dieu pour tenir ses promesses. Il ne sera jamais infidèle envers ceux qui lui font entièrement confiance (Psaume 34:22).

Wayne Grudem a dit à juste titre : « L'essence de la vraie foi consiste à prendre Dieu à Sa Parole et à compter sur lui pour faire ce qu'il a promis. » Et parce que Dieu est fidèle à accomplir toutes ses promesses, le croyant peut dire avec assurance que grâce au grand amour du SEIGNEUR, « Les bontés de l'Éternel ne sont pas épuisés, Ses compassions ne sont pas à leur terme; Elles se renouvellent chaque matin. Oh! que ta fidélité est grande! L'Éternel est mon partage, dit mon âme; C'est pourquoi je veux espérer en lui. » (Lamentations 3:22-24).La Bible regorge d'illustrations de la fidélité de Dieu dans la mesure où Il tient Ses promesses. Prenons quelques exemples.

1. Dieu a promis à Noé, comme le rapporte Genèse 8:22 : « Tant que la terre subsistera, les semailles et la moisson, le froid et la chaleur, l'été et l'hiver, le jour et la nuit ne cesseront point. » Année après année, nous voyons cette promesse s'accomplir.

2. Dans Genèse 15:13-16, Dieu prédit à Abraham les 400 ans d'esclavage que les Juifs subiraient, en lui promettant sa délivrance. Exode 12:41 rapporte l'accomplissement de cette délivrance : « Au bout de 430 ans, au jour près, toutes les armées de l'ÉTERNEL sortirent d'Égypte. »

3. Dans Ésaïe 7:14, nous trouvons la prophétie concernant la naissance virginale de Jésus-Christ : « C'est pourquoi le Seigneur lui-même vous donnera un signe, Voici, la jeune fille deviendra enceinte, elle enfantera un fils, Et elle lui donnera le nom d'Emmanuel. » Matthieu 1:22-25 rapporte l'accomplissement de cette prophétie.

On pourrait citer d'autres exemples en plus des trois mentionnés ci-dessus. Mais le message est clair, car Hébreux 10:23 déclare : « Retenons fermement la profession de notre espérance, car celui qui a fait la promesse est fidèle. » Et le reste de ce chapitre se concentrera sur les deux aspects de la fidélité de Dieu :

1. Dans la vie de ses enfants
2. Dans la vie de ses ennemis

1. LA FIDÉLITÉ DE DIEU : DANS LA VIE DE SES ENFANTS

En les préservant. Il nous est dit dans 1 Corinthiens 1:8-9 : « Il vous affermira aussi jusqu'à la fin, pour que vous soyez irréprochables au jour de notre Seigneur Jésus Christ. Dieu est fidèle, lui qui vous a appelés à la communion de son Fils, Jésus Christ notre Seigneur. » Au sens ultime, la préservation de notre salut est fondée sur la fidélité de Dieu. Jésus a prononcé ces précieuses paroles concernant la sécurité de notre salut : « Mes brebis entendent ma voix; je les connais, et elles me suivent. Je leur donne la vie éternelle; et elles ne périront jamais, et personne ne les ravira de ma main. » (Jean 10:27-28). En outre, Jésus a également prié pour notre préservation dans sa prière sacerdotale : « Père saint, garde en ton nom ceux que tu m'as donnés, afin qu'ils soient un comme nous. » (Jean 17:11).

En les disciplinant. La fidélité de Dieu ne se manifeste pas seulement en nous préservant, mais elle se manifeste aussi en nous disciplinant. Hébreux 12:4-11 est un passage qui nous encourage à persévérer pendant que nous traversons le processus de discipline de Dieu. L'auteur dit qu'être discipliné (ou formé) par

Dieu est la preuve positive que nous *sommes* Ses vrais enfants, et un Dieu fidèle le fait pour nous faire ressembler davantage à Son Fils. Voici des extraits de ce passage qui mettent en évidence cette vérité :

> **Hébreux 12:7-8, 10b-11** – *Supportez le châtiment: c'est comme des fils que Dieu vous traite; car quel est le fils qu'un père ne châtie pas? Mais si vous êtes exempts du châtiment auquel tous ont part, vous êtes donc des enfants illégitimes, et non des fils.... Dieu nous châtie pour notre bien, afin que nous participions à sa sainteté. Il est vrai que tout châtiment semble d'abord un sujet de tristesse, et non de joie; mais il produit plus tard pour ceux qui ont été ainsi exercés un fruit paisible de justice.*

Il n'est pas étonnant que le psalmiste ait dit ces mots, lorsqu'il était puni : « Je sais, ô Éternel! que tes jugements sont justes; C'est par fidélité que tu m'as humilié. » (Psaume 119:75). Un Dieu fidèle fait ce qui est nécessaire, même si cela peut être douloureux, pour nous rendre plus saints.

En les glorifiant. Non seulement la fidélité de Dieu se manifeste en nous préservant et en nous disciplinant, mais sa fidélité se manifestera aussi dans notre glorification ultime, où nous serons rendus semblables à Jésus. Romains 8:30 nous promet : « Et ceux qu'il a prédestinés, il les a aussi appelés; et ceux qu'il a appelés, il les a aussi justifiés; et ceux qu'il a justifiés, il les a aussi glorifiés. » Remarquez que l'expression « il les a aussi glorifié » apparaît au passé, même si cela n'a pas encore eu lieu. Quel est l'intérêt, me direz-vous? C'est simple. Aux yeux de Dieu, notre glorification est une affaire conclue. C'est pourquoi elle est au passé. C'est à ce point que nous pouvons faire confiance à un Dieu fidèle pour tenir ses promesses. Il n'est pas étonnant que Paul ait écrit dans Philippiens 1:6 qu'il était « persuadé que celui qui a commencé en vous cette bonne oeuvre la rendra parfaite pour le jour de Jésus Christ. »

Toutes nos promesses de glorification sont fondées sur la fidélité de Dieu, comme le dit 1 Thessaloniciens 5:23-24 : « Que le Dieu de paix vous sanctifie lui-même tout entiers, et que tout votre être, l'esprit, l'âme et le corps, soit conservé irrépréhensible, lors de l'avènement de notre Seigneur Jésus Christ! Celui qui vous a appelés est fidèle, et c'est lui qui le fera. » La fidélité de Dieu à glorifier Paul l'a conduit à dire, même au milieu de ses grandes souffrances, ces paroles pleines de confiance : « Et c'est à cause de cela que je souffre ces choses; mais j'en ai point honte, car je sais en qui j'ai cru, et je suis persuadé qu'il a la puissance de garder mon dépôt jusqu'à ce jour-là. » (2 Timothée 1:12)

Ainsi, à la lumière de ces trois domaines – nous préserver, nous discipliner et finalement nous glorifier – nous voyons la fidélité de Dieu manifestée envers nous, ses enfants. Ces vérités devraient nous inciter à faire confiance à Dieu même dans les moments difficiles et à ne jamais nous plaindre ou abandonner. Nous devons continuer à persévérer dans la foi et à être libres de toute anxiété. C'est ce qu'ont fait les hommes et les femmes fidèles décrivent dans Hébreux 11. Et ils n'ont pas été déçus. Nous ne le serons pas non plus au jugement dernier car Dieu est fidèle et Il tiendra TOUTES ses promesses envers nous.

Nous ne devons pas abandonner, même lorsque nous luttons contre le péché et que nous subissons de grandes tentations. 1 Corinthiens 10:13 nous dit : « Aucune tentation ne vous est survenue qui n'ait été humaine, et Dieu, qui est fidèle, ne permettra pas que vous soyez tentés au delà de vos forces; mais avec la tentation il préparera aussi le moyen d'en sortir, afin que vous puissiez la supporter. » Lorsque Paul dit que Dieu « préparera un moyen d'en sortir, » il ne veut pas dire que nous *échapperons nécessairement* aux épreuves. Il veut plutôt dire que nous pouvons faire confiance à ce Dieu fidèle pour nous donner la force de *supporter* les épreuves —même lorsqu'elles peuvent sembler insurmontables, et aussi de ne pas succomber à la tentation tant que nous continuons à lui faire confiance. Parfois, même si cela signifie que la mort en est le résultat, Dieu est toujours fidèle pour nous fortifier afin que nous ne le reniions jamais jusqu'à la fin!

N'oublions pas que ce Dieu fidèle nous a aussi promis : « Je ne te délaisserai point, je ne t'abandonnerai point

» (Hébreux 13:5). Jésus a promis d'être avec nous jusqu'à la fin : « Et voici, je suis avec vous tous les jours, jusqu'à la fin du monde » (Matthieu 28:20). Avoir confiance, c'est prendre Dieu au mot et compter sur lui pour faire ce qu'il a promis, car il est un Dieu fidèle qui tiendra toutes ses promesses, même lorsque la situation semble difficile. Le prophète de l'Ancien Testament, Habacuc, a fait exactement cela et, en conséquence, a éprouvé de la joie dans son cœur : « Car le figuier ne fleurira pas, La vigne ne produira rien, Le fruit de l'olivier manquera, Les champs ne donneront pas de nourriture; Les brebis disparaîtront du pâturage, Et il n'y aura plus de boeufs dans les étables. Toutefois, je veux me réjouir en l'Éternel, Je veux me réjouir dans le Dieu de mon salut. » (Habacuc 3:17-18).

Cher chrétien, traverses-tu une période difficile? As-tu du mal à passer une journée de plus? N'abandonne pas. Même si les choses semblent désespérées, comme Habacuc, fais confiance à ce Dieu fidèle. Il te *portera* jusqu'à la fin. Continue avec foi sans abandonner! Il a promis dans Ésaïe 46:4 : « Jusqu'à votre vieillesse je serai le même, Jusqu'à votre vieillesse je vous soutiendrai; Je l'ai fait, et je veux encore vous porter, Vous soutenir et vous sauver. »

2. La fidélité de Dieu : dans la vie de ses ennemis

Tout comme Dieu est fidèle à ses promesses envers Ses enfants, il est *également* fidèle à Ses promesses de juger ceux qui le rejettent et restent ainsi ses ennemis. En d'autres termes, il est fidèle, à la fois en tant que Sauveur et en tant que Juge. Les jugements passés de Dieu prouvent sans aucun doute sa fidélité à juger ceux qui se rebellent contre lui. Il a jugé le monde qui ne s'est pas repenti à l'époque de Noé lors du grand déluge qui les a tous détruits (Genèse 6-8). Personne n'a survécu, à l'exception de Noé et de sa famille, les seuls à avoir trouvé grâce aux yeux de Dieu. Et Dieu, de la même manière, a également jugé les incroyants pendant le voyage dans le désert parce qu'ils n'ont pas eu confiance en Lui pour les amener à la terre promise (Nombres 14:26-34; Hébreux 3:15-19). Puisque Dieu a montré sa fidélité en gardant sa parole de jugement dans le passé, nous pouvons être sûrs qu'il sera fidèle pour faire de même à l'avenir!

Dieu a promis un jugement futur dans l'étang de feu ou l'enfer pour tous ceux qui ne se détournent pas de leurs péchés et ne mettent pas leur confiance en Jésus-Christ. Apocalypse 20:15 dit : « Quiconque ne fut pas trouvé écrit dans le livre de vie fut jeté dans l'étang de feu. » Et cela se produira « lorsque le Seigneur Jésus apparaîtra du ciel avec les anges de sa puissance, au milieu d'une flamme de feu, pour punir ceux qui ne connaissent pas Dieu et ceux qui n'obéissent pas à l'Évangile de notre Seigneur Jésus. Ils auront pour châtiment une ruine éternelle, loin de la face du Seigneur et de la gloire de sa force, » (2 Thessaloniciens 1:7b-9).

À la lumière de la fidélité de Dieu à tenir ses promesses de jugement, quelle devrait être votre réaction si vous n'êtes pas son enfant et donc son ennemi?

Premièrement, demandez à Dieu d'ouvrir vos yeux pour voir que vous avez péché contre Lui, votre Créateur. Ensuite, reconnaissez devant Lui que vous avez péché et que vous êtes coupable de punition. Ne donnez aucune excuse. Juste une reconnaissance explicite : « J'ai péché contre toi. Je suis coupable, Seigneur. » Dites-lui que vous regrettez vos péchés et que vous voulez vous détourner d'un style de vie pécheur. C'est ce que la Bible appelle la « repentance. » Mais ce n'est pas suffisant. Enfin, par la foi, vous devez accepter le pardon que Dieu offre par Jésus-Christ, en croyant que Jésus a payé le prix total pour les péchés en menant une vie parfaite, en mourant sur la croix et en ressuscitant. C'est ainsi que vous pouvez être sauvé de vos péchés et de la colère de Dieu. Et c'est aussi ainsi que vous devenez Son enfant (Jean 1:12).

La Bible promet que « quiconque invoquera le nom du Seigneur sera sauvé » (Romains 10:13). Invoquez-le. Acceptez Jésus comme votre Seigneur et Sauveur. Poursuivez votre repentir et votre foi en témoignant *publiquement* dans les eaux du baptême par immersion (Actes 8:36-38). Le baptême est la première étape de l'obéissance *après* être devenu enfant de Dieu (Actes 2:41).

Jésus invite tous ceux qui sont accablés par leurs péchés et leur culpabilité à venir à lui : « Venez à moi, vous tous qui êtes fatigués et chargés, et je vous donnerai du repos » (Matthieu 11:28). Et pour ceux qui veulent venir, il fait cette promesse : celui qui vient à moi, je ne le repousserai pas (Jean 6:37b). Jésus est fidèle à ses promesses. On peut lui faire confiance. Venez et faites l'expérience de son pardon. Ne laissez rien ni personne vous empêcher de venir à Christ. *Le prix à payer pour rester loin de Jésus est bien plus élevé que celui de venir à Jésus.* Ce n'est pas grave si vous devez tout abandonner, —même votre vie, —si cela vous permet de vous unir à Jésus. À la fin, vous trouverez Jésus, le trésor réel et durable, qui vaut plus que tout ce à quoi vous avez renoncé.

S'il vous plaît, comprenez, mes amis, que ce Dieu fidèle est aussi un Dieu *qui pardonne.* Que vos péchés soient lavés par le sang de son Fils Jésus. Je vous en prie avec un cœur sincère. Venez à Jésus. Rencontrez-le comme un Sauveur plutôt que comme un Juge. Fuyez le jugement à venir. Peu importe combien vous avez péché et fait des erreurs, vous pouvez trouver la vraie paix et le repos en Jésus. Et puis, après être venu à Jésus, vous aussi, avec les autres enfants de Dieu, pourrez dire comme David : « Ton amour, Seigneur, atteint jusqu'aux cieux, et ta fidélité jusqu'aux nues » (Psaume 36:5).

QUESTIONS DE DISCUSSION ---

1. Comment ce chapitre a-t-il affecté votre vision de la sainteté de Dieu?

2. Quels changements de vie pourriez-vous apporter à la lumière de cet attribut de Dieu?

3. Comment cet attribut de Dieu affecte-t-il vos prières?

4. Comment cet attribut de Dieu affecte-t-il votre évangélisation?

VERSET BIBLIQUE POUR LA MÉDITATION/MÉMORISATION-----------------------

Psaumes 89:8 – *Éternel, Dieu des armées! qui est comme toi puissant, ô Éternel? Ta fidélité t'environne.*

PRIÈRE--

Dieu de grâce et Père aimant, dans un monde où les gens brisent si facilement leurs promesses, je te loue d'être un Dieu fidèle à toutes ses promesses. Même lorsque je marche dans une vallée sombre, aide-moi à me souvenir de ta fidélité. Tu as promis d'être avec moi à tout moment. Par la foi, aide-moi à te prendre au mot, même lorsque tu te sens absent. Fortifie mon cœur pour qu'il ait confiance que toi qui as commencé une bonne œuvre en moi, tu l'achèveras un jour. Et incite mon cœur à t'imiter en tenant mes promesses envers les autres. S'il te plaît, aide-moi à être marqué par la fidélité. Amen!

La souveraineté de Dieu

La souveraineté de Dieu fait référence à Son contrôle complet sur tous les événements de la vie, y compris les raisons connues de Lui-même qui sont en contradiction avec Sa volonté révélée telle qu'elle apparaît dans les Écritures.

L'histoire suivante est une excellente illustration de la façon dont un chrétien devrait penser lorsqu'il s'agit de la souveraineté de Dieu :

En 1902, un jeune garçon anglais descendit prendre son petit déjeuner et trouva son père en train de lire le journal qui annonçait les préparatifs du premier couronnement en Grande-Bretagne depuis 64 ans. Au milieu du petit déjeuner, le père se tourna vers sa femme et lui dit : « Oh, je suis désolé de voir cela formulé de cette façon. »

Elle a dit : « Qu'est-ce qu'il y a ? »

« Eh bien, répondit-il, voici une proclamation selon laquelle, à une certaine date, le prince Édouard sera

couronné roi à Westminster, et il n'y a pas de Deo volente, si Dieu le veut. »

Ces mots restèrent gravés dans la mémoire du jeune garçon pour la simple raison qu'à la date fixée, le futur roi Édouard VII était atteint d'appendicite et que le couronnement devait être reporté. À cette époque, à la fin du règne de la reine Victoria, la puissance politique, économique et militaire de l'Empire britannique était à son apogée.

Malgré toute sa puissance, la Grande-Bretagne n'a pas pu organiser le couronnement prévu à la date prévue. L'omission de la mention « si Dieu le veut » dans la proclamation et le report ultérieur du couronnement n'étaient-ils qu'une simple coïncidence, deux événements sans aucun rapport entre eux? Ou bien Dieu a-t-il provoqué l'appendicite du prince Édouard pour montrer qu'il avait « le contrôle » de la situation?

Nous ne savons pas pourquoi la situation s'est produite comme elle l'a fait. Nous savons cependant une chose : que nous le reconnaissions ou non avec Deo volente, nous ne pouvons réaliser aucun plan en dehors de la volonté de Dieu. La Bible ne laisse aucun doute à ce sujet… Dieu est aux commandes; Il est souverain. Il fait tout ce qui lui plaît et détermine si nous pouvons faire ce que nous avons prévu. C'est l'essence même de la souveraineté de Dieu : son indépendance absolue pour faire ce qu'il veut et son contrôle absolu sur les actions de toutes ses créations. Aucune créature, aucune personne ni aucun empire ne peut contrecarrer sa volonté ou agir en dehors des limites de sa volonté.

Arthur Pink a dit à juste titre : « Lorsque nous disons que Dieu est souverain, nous affirmons son droit de gouverner l'univers qu'Il a créé pour sa propre gloire, comme Il le veut. Nous affirmons que *son droit* est le droit du potier sur l'argile… Nous affirmons qu'il n'est soumis à aucune règle ou loi en dehors de sa propre volonté et de sa nature, *que Dieu est une loi pour lui-même* et qu'il n'est pas obligé de rendre compte de ses affaires à qui que ce soit. » Oui, Dieu a en effet un contrôle total sur tous les événements de la vie, y compris les raisons connues de lui seul et les actes qui sont en contradiction avec sa volonté révélée. Dans sa grande sagesse, il utilise même les mauvaises actions des humains et du diable pour accomplir ses bons desseins.

Voici quelques passages des Écritures qui nous enseignent la souveraineté de Dieu.

Genèse 50:20 – Vous aviez médité de me faire du mal: Dieu l'a changé en bien, pour accomplir ce qui arrive aujourd'hui, pour sauver la vie à un peuple nombreux.

Ésaïe 46:9-10 – Souvenez-vous de ce qui s'est passé dès les temps anciens; Car je suis Dieu, et il n'y en a point d'autre, Je suis Dieu, et nul n'est semblable à moi. J'annonce dès le commencement ce qui doit arriver, Et longtemps d'avance ce qui n'est pas encore accompli; Je dis : Mes arrêts subsisteront, Et j'exécuterai toute ma volonté.

Job 42:2 – *Je reconnais que tu peux tout, Et que rien ne s'oppose à tes pensées.*

Psaumes 115:3 – *Notre Dieu est au ciel, Il fait tout ce qu'il veut.*

Proverbes 19:21 – *Il y a dans le coeur de l'homme beaucoup de projets, Mais c'est le dessein de l'Éternel qui s'accomplit.*

Proverbes 21:30 – *Il n'y a ni sagesse, ni intelligence, Ni conseil, en face de l'Éternel.*

Lamentations 3:37 – *Qui dira qu'une chose arrive, Sans que le Seigneur l'ait ordonnée?*

Paul nous a dit que Dieu « celui qui opère toutes choses d'après le conseil de sa volonté, » (Éphésiens 1:11). C'est la souveraineté en un mot : Dieu fait tout selon sa volonté et son bon plaisir. Dieu *n'est jamais* l'auteur du péché (Habacuc 1:13; Jacques 1:13). Pourtant, conformément à sa souveraineté, il utilise même le mal qui survient pour accomplir finalement ses desseins bons et glorieux (Genèse 50:20) sans jamais compromettre sa nature sainte. Comment il est capable de faire cela est un mystère que nos esprits limités ne peuvent jamais pleinement comprendre.

Voici des passages des Écritures qui soutiennent la vérité selon laquelle Dieu a toujours le contrôle, même lorsque le mal se produit.

Exode 4:11 – *L'Éternel lui dit : Qui a fait la bouche de l'homme? Et qui rend muet ou sourd, voyant ou aveugle? N'est-ce pas moi, l'Éternel?*

Deutéronome 32:39 – *Sachez donc que c'est moi qui suis Dieu, Et qu'il n'y a point de dieu près de moi; Je fais vivre et je fais mourir, Je blesse et je guéris, Et personne ne délivre de ma main.*

Job 2:10 – *Mais Job lui répondit : Tu parles comme une femme insensée. Quoi! Nous recevons de Dieu le bien, et nous ne recevrions pas aussi le mal! En tout cela Job ne pécha point par ses lèvres.*

Ésaïe 45:7 – *Je forme la lumière, et je crée les ténèbres, Je donne la prospérité, et je crée l'adversité; Moi, l'Éternel, je fais toutes ces choses.*

Lamentations 3:37-38 – *Qui dira qu'une chose arrive, Sans que le Seigneur l'ait ordonnée? N'est-ce pas de la volonté du Très Haut que viennent Les maux et les biens?*

Il est également intéressant de noter qu'Élisée, que Dieu a utilisé pour guérir les autres, est mort d'une maladie.

2 Rois 13:14 – *Élisée était atteint de la maladie dont il mourut; et Joas, roi d'Israël, descendit vers lui,*

pleura sur son visage, et dit: Mon père! mon père!
Char d'Israël et sa cavalerie!

Ainsi, nous pouvons voir clairement dans les Écritures ci-dessus que Dieu est souverain sur toutes les affaires du monde, bonnes et mauvaises.

Quelles sont donc les implications pratiques de la souveraineté de Dieu? Nous en énumérons quatre ci-dessous.

1. ELLE HONORE DIEU EN TANT QU'ÊTRE SUPRÊME DE L'UNIVERS

En d'autres termes, cet attribut reconnaît que Dieu est Dieu! Il reconnaît Son droit de régner en Roi sur toutes choses. Il nous rappelle qu'Il est le Créateur et que nous sommes les créatures. Dieu n'a pas besoin de nous. En revanche, nous avons besoin de Lui dès maintenant et en tout temps

Par le prophète Esaïe, Dieu nous dit : « Je suis l'Éternel, c'est là mon nom. Je ne donnerai pas ma gloire à un autre, ni mon honneur aux idoles » (Esaïe 42:8). En reconnaissant la souveraineté absolue de Dieu, nous lui donnons toute la gloire. Après tout, nous sommes créés pour la gloire de Dieu : « Tout homme sur qui porte mon nom, que j'ai créé pour ma gloire, que j'ai formé et que j'ai fai (Esaïe 43:7)! Alors, donnons à Dieu la place qui lui revient en tant qu'Être suprême de l'univers en reconnaissant sa souveraineté sur toutes choses!

2. CELA NOUS REND HUMBLE

Puisque Dieu recherche toujours un cœur humble, quoi de plus humiliant que de reconnaître constamment que « Dieu est responsable de tout, et pas nous! » Cette vérité exalte Dieu pour ce qu'Il est et pour ce qu'Il fait pour nous!

Nébucadnetsar, l'un des rois les plus puissants qui aient jamais gouverné le monde, a appris à ses dépens comment un Dieu souverain humilie l'orgueil de l'homme. Son orgueil avait trompé son cœur alors qu'il se vantait de ses réalisations et ne rendait pas gloire à Dieu : « N'est-ce pas ici Babylone la grande, que j'ai bâtie, comme résidence royale, par la puissance de ma force et pour la gloire de ma magnificence? » (Daniel 4:30). Remarquez comment Dieu l'a repris en lui rappelant que c'est Lui, et non un simple homme, qui est Celui qui est souverain sur toutes choses. « La parole était encore dans la bouche du roi, qu'une voix descendit du ciel: Apprends, roi Nebucadnetsar, qu'on va t'enlever le royaume. On te chassera du milieu des hommes, tu auras ta demeure avec les bêtes des champs, on te donnera comme aux boeufs de l'herbe à manger; et sept temps passeront sur toi, jusqu'à ce que tu saches que le Très Haut domine sur le règne des hommes et qu'il le donne à qui il lui plaît. » (Daniel 4:31-32).

Après avoir été humilié, Nébucadnetsar a finalement reconnu que Dieu est souverain sur toutes choses : «

Après le temps marqué, moi, Nebucadnetsar, je levai les yeux vers le ciel, et la raison me revint. J'ai béni le Très Haut, j'ai loué et glorifié celui qui vit éternellement, celui dont la domination est une domination éternelle, et dont le règne subsiste de génération en génération. Tous les habitants de la terre ne sont à ses yeux que néant : il agit comme il lui plaît avec l'armée des cieux et avec les habitants de la terre, et il n'y a personne qui résiste à sa main et qui lui dise : Que fais-tu? [...] Maintenant, moi, Nebucadnetsar, je loue, j'exalte et je glorifie le roi des cieux, dont toutes les oeuvres sont vraies et les voies justes, et qui peut abaisser ceux qui marchent avec orgueil. » (Daniel 4:34-35, 37)

Plus nous embrassons cette doctrine de la souveraineté de Dieu, plus nous grandirons en humilité.

3. Cela apporte un grand réconfort dans les moments d'épreuves intenses

Le Seigneur souverain de l'univers, qui contrôle tout, a choisi de nous montrer son amour et sa miséricorde. Qu'avons-nous fait pour mériter un tel amour? Rien! Et si Dieu nous aime malgré nos grands péchés et a fait de nous ses enfants, pourquoi devrions-nous être vaincus par la peur lorsque nous traversons des épreuves, même si elles sont intenses?

Joseph avait une grande confiance dans la souveraineté de Dieu. C'est pourquoi, malgré les moments extrêmement difficiles qu'il a traversés, il pouvait dire à ses frères : « Vous aviez médité de me faire du mal : Dieu l'a changé en bien, pour accomplir ce qui arrive aujourd'hui, pour sauver la vie à un peuple nombreux. » (Genèse 50:20). Il savait que Dieu contrôlait toutes les circonstances de sa vie et il n'a donc pas cédé au désespoir même lorsque les choses devenaient terribles pour lui.

Jerry Bridges a écrit :

> *Dieu est aux commandes, mais dans son contrôle, il nous permet de ressentir la douleur. La douleur est bien réelle. Nous souffrons, et nous souffrons encore. Mais au milieu de notre souffrance, nous devons croire que Dieu est aux commandes; il est toujours souverain. Comme l'a si bien écrit l'auteur Margaret Clarkson : « La souveraineté de Dieu est le seul rocher inexpugnable auquel le cœur humain souffrant doit s'accrocher. Les circonstances qui entourent nos vies ne sont pas le fruit du hasard : elles peuvent être l'œuvre du mal, mais ce mal est fermement tenu dans la main puissante de notre Dieu souverain… Tout mal lui est soumis, et le mal ne peut toucher ses enfants à moins qu'il ne le permette. Dieu est le Seigneur de l'histoire humaine et de l'histoire personnelle de chaque membre de sa famille rachetée. »*
>
> *Non seulement les actes malveillants volontaires des autres sont sous le contrôle souverain de Dieu, mais*

aussi leurs erreurs et leurs échecs. Un autre conducteur a-t-il grillé un feu rouge, heurté votre voiture et vous a-t-il envoyé à l'hôpital avec de multiples fractures? Un médecin n'a-t-il pas détecté votre cancer à un stade précoce, alors qu'il aurait pu être traité? Vous êtes-vous retrouvé avec un professeur incompétent dans un cours très important à l'université ou un superviseur incompétent qui a bloqué votre carrière dans les affaires? Toutes ces circonstances sont sous la main de notre Dieu souverain, qui les fait fonctionner dans nos vies pour notre bien.

La croyance en la souveraineté de Dieu doit inclure la pensée que même *cette* épreuve particulière que je traverse en ce moment a dû passer par les mains percées de clous d'un Christ souverain et aimant qui a le contrôle total de la situation. Il accomplira tous ses desseins à travers cette épreuve. Cette connaissance apporte un grand réconfort, surtout lorsque les choses autour de nous ne cessent de s'effondrer! Nous sommes toujours en sécurité dans les bras d'un Dieu aimant qui contrôle toutes choses. Souvenons-nous-en même au milieu des temps sombres.

4. CELA N'ANNULE PAS LA RESPONSABILITÉ HUMAINE

La souveraineté de Dieu ne contredit ni n'annule la liberté ou la responsabilité des êtres humains, même si nos esprits limités ne sont peut-être pas capables de comprendre entièrement ce fait. Les actions humaines ne limitent pas Dieu, et ses desseins ne sont pas contrariés par nos efforts. La souveraineté de Dieu comprend toutes nos actions, sauf que Dieu n'est jamais responsable de nos péchés. On trouve un bon exemple dans Actes 2:23 : « cet homme [en référence à Jésus], livré selon le dessein arrêté et selon la prescience de Dieu [la souveraineté divine], vous l'avez crucifié, vous l'avez fait mourir par la main des impies [la responsabilité humaine]. » Dieu a demandé des comptes aux personnes responsables de la mort de son Fils. Pourtant, le fait que Jésus soit allé à la croix faisait partie de son plan souverain!

En fin de compte, la souveraineté divine n'annule pas la responsabilité humaine, pas plus que la responsabilité humaine n'annule la souveraineté divine. Ces deux doctrines sont enseignées dans les Écritures. Nos esprits limités ne peuvent pas concilier ces vérités. Pourtant, elles sont parfaitement conciliées aux yeux d'un Dieu souverain, infini et infiniment sage dont les voies dépassent notre compréhension.

Voilà donc quatre implications auxquelles il faut réfléchir alors que nous nous émerveillons et nous soumettons à cet attribut de Dieu-souverain sur toutes choses.

Si vous êtes un enfant de Dieu, réjouissez-vous et reposez-vous car vous êtes entre les mains d'un Dieu qui contrôle chaque événement de votre vie. Peu importe ce qui se passe, vous serez bientôt avec Lui pour toute l'éternité. D'ici là, soumettez-vous à Son règne sur vous. Poursuivez une vie qui se concentre sur Sa glorification à tout moment, bon comme mauvais.

Si vous n'êtes pas encore enfant de Dieu, sachez que vous ne pouvez pas lutter contre ce Dieu souverain et gagner. Il vous a ordonné de vous détourner de vos péchés et de mettre votre confiance en son Fils, Jésus-Christ, qui a payé le prix de vos péchés. Ce n'est qu'à ce moment-là que vous pourrez être pardonné de vos péchés, devenir son enfant et échapper au jugement à venir. Alors, faites-le aujourd'hui. Faites l'expérience de la paix et de la joie qui découlent du fait que vos péchés sont lavés par le sang de Jésus. Ne tardez pas

QUESTIONS DE DISCUSSION --

1. Comment ce chapitre a-t-il affecté votre vision de la sainteté de Dieu?

2. Quels changements de vie pourriez-vous apporter à la lumière de cet attribut de Dieu?

3. Comment cet attribut de Dieu affecte-t-il vos prières?

4. Comment cet attribut de Dieu affecte-t-il votre évangélisation?

VERSET BIBLIQUE POUR LA MÉDITATION/MÉMORISATION ----------------------

Psaumes 115:3 – *Notre Dieu est au ciel, Il fait tout ce qu'il veut.*

PRIÈRE ---

Je m'accroche à toi; je vois, je crois, je vis, lorsque ta volonté, et non la mienne, est faite;

Je ne puis rien invoquer en moi-même en ce qui concerne la dignité et la grâce, en ce qui concerne ta providence et tes promesses, mais seulement ton bon plaisir. Si ta miséricorde me rend pauvre et vil, sois bénie!

Les prières qui naissent de mes besoins sont des préparations pour les miséricordes futures ; aide-moi à t'honorer en croyant avant de ressentir, car grand est le péché si je fais du sentiment une cause de foi…

Aide-moi à prier avec foi et ainsi à trouver ta volonté, en m'appuyant fortement sur ta riche miséricorde, en croyant que tu donneras ce que tu as promis;

Fortifie-moi pour prier avec conviction que tout ce que je reçois est ton don, afin que je puisse prier jusqu'à ce que ma prière soit exaucée...

J'attendrai donc ta volonté, je prierai pour qu'elle soit faite et, par ta grâce, je deviendrai pleinement obéissant. Amen

La patience de Dieu

La patience de Dieu fait référence à sa capacité à retenir son jugement, même pendant une période prolongée.

Dieu s'est révélé à Moïse et a proclamé ses attributs de cette manière : « L'Éternel, l'Éternel, Dieu miséricordieux et compatissant, lent à la colère, riche en bonté et en fidélité, » (Exode 34:6b). Avez-vous remarqué cette expression : « lent à la colère » ? Dieu est si patient qu'il ne punit pas les gens immédiatement, mais retient souvent son jugement, même pendant une période prolongée.

Arthur Pink cite ainsi les paroles de Stephen Charnock sur la patience de Dieu :

> *C'est une partie de la bonté et de la miséricorde divines, mais elle diffère des deux. Dieu étant la plus grande bonté, possède la plus grande douceur ; la douceur est toujours la compagne de la vraie bonté,*

et plus grande est la bonté, plus grande est la douceur. Qui est plus saint que le Christ, et qui est plus doux ? La lenteur de Dieu à la colère est une branche de sa miséricorde : « L'Éternel est miséricordieux et compatissant, Lent à la colère et plein de bonté. » (Psaume 145:8).

Voici quelques références à la patience de Dieu dans l'Ancien Testament :

Nombres 14:18 *– L'Éternel est lent à la colère et riche en bonté, il pardonne l'iniquité et la rébellion.*

Psaume 86:15 *– Mais toi, Seigneur, tu es un Dieu miséricordieux et compatissant, Lent à la colère, riche en bonté et en fidélité;*

Psaumes 103:8 *– L'Éternel est miséricordieux et compatissant, Lent à la colère et riche en bonté;*

Psaume 145:8 *– L'Éternel est miséricordieux et compatissant, Lent à la colère et plein de bonté.*

En expliquant pourquoi il s'est enfui de l'ordre de Dieu de prêcher aux Ninivites, Jonas souligne la patience de Dieu comme raison de sa désobéissance. « Il implora l'Éternel, et il dit : Ah! Éternel, n'est-ce pas ce que je disais quand j'étais encore dans mon pays? C'est ce que je voulais prévenir en fuyant à Tarsis. Car je savais que tu es un Dieu compatissant et miséricordieux, lent à la colère et riche en bonté, et qui te repens du mal. » (Jonas 4:2, c'est moi qui souligne).

En d'autres termes, Jonas, un prophète, connaissait la patience de Dieu et savait qu'il pardonnerait même aux méchants Ninivites s'ils se repentaient. Il ne voulait pas qu'ils soient pardonnés. Il a donc refusé de leur prêcher l'Évangile – jusqu'à ce que Dieu l'*oblige* à obéir à son commandement! Cela montre clairement que la patience de Dieu, associée à son amour pour les pécheurs, l'a amené à pardonner même aux méchants Ninivites. Le prophète Nahum, alors qu'il prêchait aux Ninivites de nombreuses années plus tard, a également écrit sur la patience de Dieu alors qu'il les appelait à la repentance : « L'Éternel est lent à la colère, il est grand par sa force; Il ne laisse pas impuni. » (Nahum 1:3)!

Pour ceux qui disent que le Dieu de l'Ancien Testament n'est *qu'un* Dieu punisseur et ne fait que rarement preuve d'amour, ces versets mentionnés ci-dessus sont un reproche. Quelle patience Dieu a montrée envers les gens qui ont péché pendant de longues périodes!

Lorsque nous parcourons le Nouveau Testament, nous trouvons plusieurs références soulignant la patience de Dieu. En voici quelques-unes :

> **Romains 2:4** – *Ou méprises-tu les richesses de sa bonté, de sa patience et de sa longanimité, ne reconnaissant pas que la bonté de Dieu te pousse à la repentance?*

1 Timothée 1:16 – *Mais j'ai obtenu miséricorde, afin que Jésus Christ fît voir en moi le premier toute sa longanimité, pour que je servisse d'exemple à ceux qui croiraient en lui pour la vie éternelle.*

Paul, après avoir déclaré : « Jésus Christ est venu dans le monde pour sauver les pécheurs, dont je suis le premier. » (1 Timothée 1:15), poursuit en disant que même s'il était le pire des pécheurs, « c'est précisément pour cela que j'ai obtenu miséricorde. » Pourquoi? De cette façon, Jésus pouvait « montrer son immense patience comme un exemple pour ceux qui croiraient en lui et recevraient la vie éternelle. » En d'autres termes, si Dieu a été si patient avec Paul, qui a tant lutté contre Jésus et l'a quand même sauvé, ne sauvera-t-il pas aussi d'autres pécheurs – s'ils acceptent son offre de vie éternelle en plaçant leur foi en son Fils, Jésus?

Pierre fait également référence à la patience de Dieu dans le passé, lorsque l'arche était en construction : « lorsque la patience de Dieu se prolongeait, aux jours de Noé, pendant la construction de l'arche, dans laquelle un petit nombre de personnes, c'est-à-dire huit, furent sauvées à travers l'eau. » (1 Pierre 3:20). Dans son immense patience, Dieu a attendu plus de 100 ans que les gens se repentent, évitant ainsi son jugement. Il aurait pu les tuer tous immédiatement à cause de leur méchanceté. Pourtant, sa patience l'a amené à retarder le jugement pendant très longtemps, même s'Il savait qu'ils ne se repentiraient pas (Genèse 6:13, 18).

Paul dit quelque chose de très similaire dans Romains 9:22 : « Et que dire, si Dieu, voulant montrer sa colère et faire connaître sa puissance, a supporté avec une grande patience des vases de colère formés pour la perdition, » Il est patient même avec des gens qui, en fin de compte, devront faire face à sa colère et à sa destruction parce qu'ils ne se sont pas tournés vers lui et n'ont pas fait preuve de repentance. C'est incroyable quand on s'arrête un instant pour réfléchir à la patience de Dieu envers ceux qui, en fin de compte, le rejetteront encore!

Alors, quelles sont les implications de cet attribut de Dieu dans nos vies?

POUR LE CHRÉTIEN

Nous devons faire preuve de patience dans nos relations les uns avec les autres. C'est la principale implication. Souvent, nous nous mettons très vite en colère contre les gens. Une telle attitude conduit parfois à des représailles blessantes parce que nous nous sentons blessés. Pourtant, la Bible nous appelle à plusieurs reprises à faire preuve de patience (à ne pas nous mettre en colère) dans nos relations les uns avec les autres.

> **Proverbes 19:11** – *L'homme qui a de la sagesse est lent à la colère, Et il met sa gloire à oublier les offenses.*

1 Corinthiens 13:4 – *La charité est patiente, elle est pleine de bonté; la charité n'est point envieuse; la charité ne se vante point, elle ne s'enfle point d'orgueil.*

Colossiens 3:12 – *Ainsi donc, comme des élus de Dieu, saints et bien-aimés, revêtez-vous d'entrailles de miséricorde, de bonté, d'humilité, de douceur, de patience.*

Éphésiens 4:2 – *en toute humilité et douceur, avec patience, vous supportant les uns les autres avec charité,*

1 Thessaloniciens 5:14 – *Nous vous prions aussi, frères, avertissez ceux qui vivent dans le désordre, consolez ceux qui sont abattus, supportez les faibles, usez de patience envers tous.*

Pierre rappelle aux croyants la patience de Dieu envers les siens tandis qu'il attend qu'ils se repentent par ces paroles : « Le Seigneur ne tarde pas dans l'accomplissement de la promesse, comme quelques-uns le croient; mais il use de patience envers vous, ne voulant pas qu'aucun périsse, mais voulant que tous arrivent à la repentance. » (2 Pierre 3:9)

En réfléchissant constamment à la patience dont Dieu *a fait preuve* envers nous avant que nous venions à lui et *à* la patience dont Il fait preuve envers nous – qui le trahissons si souvent *après* être devenus ses enfants – nous pouvons aussi développer un esprit de patience dans nos relations avec les gens – même les plus difficiles lorsqu'ils pchent contre nous! Nous n'avons pas besoin de chercher à nous venger même lorsque nous sommes insultés ou négligés à plusieurs reprises. Comme Salomon l'a sagement conseillé : « L'homme qui a de la sagesse est lent à la colère, Et il met sa gloire à oublier les offenses. » (Proverbes 19:11b). Chrysostome, un dirigeant d'église du passé, a dit : « Un homme patient est celui qui, ayant les ressources et l'occasion de se venger, choisit de s'abstenir de les exercer. »

Personne ne traita Lincoln avec plus de mépris qu'Edwin Stanton, qui dénonça la politique de Lincoln et le qualifia de « clown rusé et bas. » Stanton l'avait surnommé « le gorille originel. » Il déclara que l'explorateur Paul Du Chaillu était un imbécile d'avoir erré en Afrique pour tenter de capturer un gorille alors qu'il aurait pu en trouver un facilement à Springfield, dans l'Illinois. Lincoln ne répondit rien. En fait, il fit de Stanton son ministre de la Guerre parce que ce dernier était l'homme le mieux placé pour ce poste. Il le traita avec la plus grande courtoisie. Les années passèrent.

La nuit arriva où une balle d'assassin frappa Lincoln dans un théâtre. Dans une pièce à côté de celle où le corps de Lincoln avait été emmené se tenait Stanton cette nuit-là. Tandis qu'il contemplait le visage silencieux et rude du président, Stanton dit à travers ses larmes : « Là repose le plus grand dirigeant que le monde ait jamais connu. »

La patience de l'amour a finalement triomphé, comme nous le rappelle Romains 12:21 : « Ne te laisse pas vaincre par le mal, mais surmonte le mal par le bien. » Dieu est si patient même avec les méchants qui se moquent continuellement de lui. Ne devrions-nous pas l'imiter en étant patients avec ceux qui nous font du mal? Comme un père, comme des enfants! C'est le but!

Comment pouvons-nous développer la patience? Il est important de se rappeler que nous ne pouvons pas produire cette patience par nous-mêmes. Nous *avons besoin* du Saint-Esprit pour faire opérer cet attribut de la patience dans nos vies. L'une des caractéristiques du Mais le fruit de l'Esprit, c'est ... la patience, » (Galates 5:22-23). Lorsque nous prenons l'habitude de nous soumettre au Saint-Esprit (ce qui signifie vivre une vie d'obéissance aux Écritures), Il (le Saint-Esprit) produit le fruit de la patience en nous. C'est le chemin pour développer et manifester un esprit de patience dans nos relations les uns avec les autres.

POUR LES NON-CHRÉTIENS

La patience de Dieu envers les pécheurs se manifeste dans le fait qu'il a attendu pendant près d'un siècle que les gens se repentent. Il leur a donné de multiples occasions de se repentir en utilisant Noé, « prédicateur de justice » (2 Pierre 2:5), pour les appeler à plusieurs reprises à se détourner de leurs péchés et à se tourner vers Lui par la foi. Pourtant, lorsqu'ils ne se repentirent pas, Dieu les *jugea*.

De la même manière, Dieu manifeste sa patience envers vous, et son intention est que vous vous repentiez, comme Paul nous le rappelle dans Romains 2:4 : « Ou méprises-tu les richesses de sa bonté, de sa patience et de sa longanimité, ne reconnaissant pas que la bonté de Dieu te pousse à la repentance? » Mais si vous ne vous repentez pas, il y a un avertissement comme on le voit dans les deux versets suivants : « Mais, par ton endurcissement et par ton coeur impénitent, tu t'amasses un trésor de colère pour le jour de la colère et de la manifestation du juste jugement de Dieu, qui rendra à chacun selon ses oeuvres; » (Romains 2:5-6).

L'Ancien Testament nous donne le même avertissement. Ce n'est pas parce que vous n'êtes pas jugé aujourd'hui que vous devez penser que vous ne le serez *jamais* à l'avenir. Voici l'avertissement de Dieu dans Ecclésiaste 8:11-13 : « Parce qu'une sentence contre les mauvaises actions ne s'exécute pas promptement, le coeur des fils de l'homme se remplit en eux du désir de faire le mal. Cependant, quoique le pécheur fasse cent fois le mal et qu'il y persévère longtemps, je sais aussi que le bonheur est pour ceux qui craignent Dieu, parce qu'ils ont de la crainte devant lui. Mais le bonheur n'est pas pour le méchant, et il ne prolongera point ses jours, pas plus que l'ombre, parce qu'il n'a pas de la crainte devant Dieu. » Ce n'est pas parce que tout va bien aujourd'hui que tout ira bien demain ! Si vous ne vous tournez pas vers Dieu et ne faites pas confiance à son Fils, Jésus-Christ, « tout ne se passera pas bien » pour vous, comme l'enseigne Ecclésiaste 8:13. Le jugement éternel vous attend. Je dis cela avec un cœur brisé et aimant. Mais ce sont des paroles vraies. Veuillez les prendre au sérieux.

Le même Dieu patient, lent à la colère et longanime, est aussi un Dieu de colère (revenez en arrière et lisez le chapitre « La colère de Dieu »). Il jugera tous ceux qui rejettent son Fils. Sa patience a des limites. Si vous continuez à endurcir votre cœur et à ignorer sa patience envers vous, tout ce qui vous reste à faire est de faire face à sa colère totale et finale. Ne confondez pas la patience de Dieu avec le plaisir de Dieu envers vous. Il n'est pas content de vous tant que vous vivez une vie de rébellion à ses commandements. Alors, s'il vous plaît, détournez-vous de vos péchés et tournez-vous vers Jésus aujourd'hui!

QUESTIONS DE DISCUSSION --

1. Comment ce chapitre a-t-il affecté votre vision de la sainteté de Dieu?

2. Quels changements de vie pourriez-vous apporter à la lumière de cet attribut de Dieu?

3. Comment cet attribut de Dieu affecte-t-il vos prières?

4. Comment cet attribut de Dieu affecte-t-il votre évangélisation?

VERSET BIBLIQUE POUR LA MÉDITATION/MÉMORISATION -----------------------

Psaumes 103:8 – *L'Éternel est miséricordieux et compatissant, Lent à la colère et riche en bonté;*

PRIÈRE --

Père, je m'émerveille de ta patience envers moi. Même si je tombe à plusieurs reprises chaque jour, tu continues à me supporter. Même lorsque tu me punis, tu le fais par amour pour mon bien. S'il te plaît, aide-moi à ne pas considérer ta patience comme acquise. Protège-moi de la tristesse de ton Esprit à cause de mon impatience envers les autres. S'il te plaît, rappelle-moi que, tout comme tu es lent à la colère et ne me traite pas selon mes péchés, je dois aussi faire preuve d'une plus grande patience envers les autres. Aide-moi à ressembler davantage à ton Fils, Jésus, qui a fait preuve d'une grande patience lorsqu'il a eu affaire à des personnes difficiles lorsqu'il marchait sur cette terre. Amen!

La nature immuable de Dieu

*La nature immuable de Dieu, également décrite
comme son immuabilité, signifie qu'il est immuable
dansson être et dans tous ses desseins.*

L a définition ci-dessus ne signifie pas que Dieu ne
peut pas ressentir d'émotions ou agir
différemment dans différentes situations. Cela signifie
qu'Il ne croît ni ne décline jamais. Il n'a ni
commencement ni fin. Il est incapable de changer, ni
pour le meilleur ni pour le pire. Il n'est pas quelque
chose aujourd'hui qu'Il n'était pas hier. Il n'est pas plus
saint ni moins saint, aimant ou miséricordieux qu'Il ne
l'était ou ne le sera jamais. Il n'a pas ajouté, soustrait
ou même diminué aucun de ses attributs.

DIEU EST IMMUABLE DANS SON ÊTRE

Lorsque Dieu s'est révélé à Moïse, il a dit : « JE SUIS
CELUI QUI SUIS » (Exode 3:14). Il est toujours le même.

En parlant par l'intermédiaire de Malachie, Dieu a affirmé sa nature immuable en déclarant : « Car je suis l'Éternel, je ne change pas » (3:6a). Jacques nous rappelle que Dieu « chez lequel il n'y a ni changement ni ombre de variation. » (1:17b). C'est pourquoi Dieu est souvent comparé à un rocher qui est immobile par rapport à l'océan qui l'entoure et qui fluctue constamment : « Il est le rocher; ses oeuvres sont parfaites, Car toutes ses voies sont justes; C'est un Dieu fidèle et sans iniquité, Il est juste et droit. » (Deutéronome 32:4).

Le psalmiste, en comparant des choses telles que la terre et les cieux, qui peuvent sembler permanentes d'un point de vue humain, et Dieu, a dit ceci :

> **Psaume 102:25-27** – *Tu as anciennement fondé la terre, Et les cieux sont l'ouvrage de tes mains. Ils périront, mais tu subsisteras; Ils s'useront tous comme un vêtement; Tu les changeras comme un habit, et ils seront changés. Mais toi, tu restes le même, Et tes années ne finiront point.*

Le psalmiste affirme que, tout comme Dieu existait avant la création des cieux et de la terre, il continuera d'exister même après leur destruction. En tant que Créateur, il demeure inchangé. Il est intéressant de noter que l'auteur de l'épître aux Hébreux applique ces versets à Jésus-Christ dans Hébreux 1:10-12. Plus tard, il décrit également Jésus-Christ comme étant « le même hier, aujourd'hui et éternellement » (Hébreux 13:8). En affirmant que Jésus possède ce même attribut divin, l'auteur affirme l'égalité de Jésus avec le Père.

AW Pink a très bien saisi l'essence de l'immuabilité de Dieu de cette manière :

> *Tout ce qu'il est aujourd'hui, il l'a toujours été et le sera toujours… Il ne peut pas changer pour le meilleur, car il est déjà parfait ; et étant parfait, il ne peut pas changer pour le pire. Totalement insensible à quoi que ce soit d'extérieur à lui-même, l'amélioration ou la détérioration sont impossibles. Il est perpétuellement le même.*

DIEU EST IMMUABLE DANS SES DESSEINS

Non seulement Dieu est immuable dans son être, mais il est également immuable dans tous ses desseins. De nombreux passages des Écritures affirment cette vérité. En voici quelques- uns:

Job 23:13 – *Mais sa résolution est arrêtée; qui s'y opposera? Ce que son âme désire, il l'exécute.*

Job 42:2 – *Je reconnais que tu peux tout, Et que rien ne s'oppose à tes pensées.*

Psaumes 33:11 – *Les desseins de l'Éternel subsistent à toujours, Et les projets de son coeur, de génération en génération.*

Psaumes 115:3 – *Notre Dieu est au ciel, Il fait tout ce qu'il veut.*

Esaïe 46:10 – *J'annonce dès le commencement ce qui doit arriver, Et longtemps d'avance ce qui n'est pas encore accompli; Je dis: Mes arrêts subsisteront, Et j'exécuterai toute ma volonté.*

Michée affirme l'amour de l'alliance de Dieu et son engagement envers les promesses faites à Israël, même lorsque les choses semblaient très sombres : « Quel Dieu est semblable à toi, Qui pardonnes l'iniquité, qui oublies les péchés Du reste de ton héritage? Il ne garde pas sa colère à toujours, Car il prend plaisir à la miséricorde. Il aura encore compassion de nous, Il mettra sous ses pieds nos iniquités; Tu jetteras au fond de la mer tous leurs péchés. Tu témoigneras de la fidélité à Jacob, De la bonté à Abraham, Comme tu l'as juré à nos pères aux jours d'autrefois. » (Michée 7.18-20, c'est moi qui souligne). Ces versets, parmi d'autres, garantissent la préservation d'Israël par Dieu.

En écrivant aux croyants souffrants, l'auteur de l'épître aux Hébreux les encourageait à rester fermes dans leur foi en leur rappelant l'engagement inébranlable de Dieu à accomplir toutes ses bonnes promesses envers son peuple, en particulier en ce qui concerne l'héritage promis qui est encore à venir. Il écrit ceci dans Hébreux 6:17-18 : « C'est pourquoi Dieu, voulant montrer avec plus d'évidence *aux héritiers de la promesse l'immutabilité de sa résolution*, intervint par un serment, afin que, par deux choses immuables, dans lesquelles il est impossible que Dieu mente, nous trouvions un puissant encouragement, nous dont le seul refuge a été de saisir l'espérance qui nous était proposée. » (c'est moi qui souligne).

Dieu, dans l'éternité passée, a déterminé tout ce qu'il avait prévu d'accomplir. Il n'a pas besoin de réviser ses plans en fonction de nouvelles connaissances ou d'un manque de puissance. Dieu a toujours été omniscient et tout-puissant. Il accomplira tout ce qu'il a prévu.

Cela soulève une question importante.

DIEU CHANGE-T-IL PARFOIS D'AVIS ?

Si Dieu est immuable (inchangeable) dans son être et ses desseins, qu'en est-il des cas où nous lisons que Dieu se radoucit (se repent ou regrette) ou semble changer d'avis?

> **Genèse 6:6** – *L'Éternel se repentit d'avoir fait l'homme sur la terre, et il fut affligé en son coeur.*

> **1 Samuel 15:11a** – *Je me repens d'avoir établi Saül pour roi, car il se détourne de moi et il n'observe point mes paroles.*

Il y a aussi d'autres cas où Dieu a menacé de jugement, et parce que les gens ont prié et, dans certains cas, ont même changé de comportement, Il a cédé et n'a pas provoqué le jugement promis. Les exemples incluent, sans toutefois s'y limiter, les suivants :

a. Moïse intercéda avec succès dans la prière pour empêcher Dieu de détruire le peuple d'Israël (Exode 32:9-14). Comme les Israélites étaient « un peuple têtu » (v. 9), Dieu chercha à « les détruire » (v. 10). Ainsi, « Moïse implora l'Éternel, SON Dieu » (v. 11). Grâce à son intercession, « l'Éternel SE repentit et ne fit pas se produire sur son peuple le malheur dont il l'avait menacé » (v. 14).

b. Dieu ajouta quinze années à la vie d'Ézéchias (Ésaïe 38:1-6). « Quand Ézéchias tomba malade et fut sur le point de mourir, » Dieu envoya Ésaïe pour lui dire de mettre « sa maison en ordre » car il « allait mourir » (v. 1). Lorsque Ézéchias entendit cela, il « pria l'Éternel » (v. 2). Ému par ses cris sincères, Dieu, par l'intermédiaire d'Ésaïe, dit à Ézéchias : « J'ai entendu ta prière, j'ai vu tes larmes; j'ajouterai quinze années à tes jours » (v. 5).

Comment concilier ces exemples avec des passages des Écritures tels que ceux ci-dessous (en plus des nombreux autres cités précédemment) qui affirment la nature immuable de Dieu?

> **Nombres 23:19** – *Dieu n'est point un homme pour mentir, Ni fils d'un homme pour se repentir. Ce qu'il a dit, ne le fera-t-il pas? Ce qu'il a déclaré, ne l'exécutera-t-il pas?*

1 Samuel 15:29 – *Celui qui est la force d'Israël ne ment point et ne se repent point, car il n'est pas un homme pour se repentir.*

De nombreuses questions se posent. Si Dieu a changé, cela ne contredirait-il pas les passages affirmant sa nature immuable ? Cela signifie-t-il que Dieu n'est pas immuable ou qu'il n'est pas puissant pour accomplir ses desseins ? Étant donné que cette question a déconcerté certaines personnes, il est essentiel d'aborder ce sujet, même brièvement.

Wayne Grudem, dans son livre, *Doctrine Biblique*, donne cette explication utile :

> *Ces exemples doivent tous être compris comme de véritables expressions de l'attitude ou de l'intention présente de Dieu par rapport à la situation telle qu'elle existe à ce moment-là. Si la situation change, alors bien sûr l'attitude ou l'expression de l'intention de Dieu changera également. Cela signifie simplement que Dieu réagit différemment à différentes situations.*

En d'autres termes, un Dieu immuable modifie souvent ses rapports avec les personnes qui changent, en fonction de ses autres attributs qui témoignent de son amour et de sa miséricorde. Les commentaires de Rolland McCune sont une fois de plus utiles sur cette question :

L'immuabilité ne signifie pas l'immobilité. Au contraire, l'attitude immuable de Dieu, notamment à l'égard du péché, associée à la présence du mal et à la liberté morale, signifie que les relations de Dieu changent. C'est-à-dire que sa manière de traiter les gens change; Dieu change d'orientation lorsque l'homme entre dans une relation morale différente avec Lui.

Pensez-y. Si Dieu ne réagissait pas différemment lorsque les gens agissaient différemment, nos actions, comme la prière ou le changement de nos habitudes, ne changeraient rien à ses yeux. Mais nous avons déjà vu comment les prières de Moïse et d'Ézéchias ont changé les actions de Dieu parce qu'elles étaient toujours en accord avec ses desseins souverains. Voyons comment les actions des gens ont amené Dieu à « changer » ses relations avec eux en prenant l'exemple —des Ninivites, à qui Dieu a envoyé Jonas.

Voyant la méchanceté des Ninivites, Dieu envoya Jonas proclamer son jugement : « Lève-toi, va à Ninive, la grande ville, et crie contre elle! car sa méchanceté est montée jusqu'à moi. » (Jonas 1:2). Le message était : « Encore quarante jours, et Ninive est détruite! » (Jonas 3:4). Bien qu'il n'y ait aucune référence *explicite* au fait que Dieu retienne son jugement s'ils se repentaient, il était clair que s'ils changeaient de comportement, Dieu n'exécuterait pas le jugement prévu. Le roi de Ninive l'a compris, et c'est pourquoi il a proclamé ce décret :

Jonas 3:7-9 – *Que les hommes et les bêtes soient couverts de sacs, qu'ils crient à Dieu avec force, et qu'ils reviennent tous de leur mauvaise voie et des actes de violence dont leurs mains sont coupables! Qui sait si Dieu ne reviendra pas et ne se repentira pas, et s'il ne renoncera pas à son ardente colère, en sorte que nous ne périssions point?*

Le roi comprit que le but même de l'avertissement de Dieu était de les amener à se repentir et ainsi à éviter le jugement. Et c'est exactement ce qui se passa : « Dieu vit qu'ils agissaient ainsi et qu'ils revenaient de leur mauvaise voie. Alors Dieu se repentit du mal qu'il avait résolu de leur faire, et il ne le fit pas. » (Jonas 3:10). En fait, les propres paroles de Jonas affirment qu'il était conscient de cette tournure des événements : « Il implora l'Éternel, et il dit : Ah! Éternel, n'est-ce pas ce que je disais quand j'étais encore dans mon pays? C'est ce que je voulais prévenir en fuyant à Tarsis. Car je savais que tu es un Dieu compatissant et miséricordieux, lent à la colère et riche en bonté, et qui te repens du mal. » (Jonas 4:2, c'est moi qui souligne).

Un Dieu omniscient qui connaît toutes les choses passées, présentes et futures n'est jamais surpris lorsque les gens affichent un changement de comportement ou même prient avec diligence. Un Dieu souverain, aimant et infiniment sage a même pris en compte ces changements de comportement humain dans ses plans éternels, ce qui l'amène à retenir son jugement.

Si vous roulez à vélo face au vent, puis que vous vous arrêtez et faites demi-tour, vous pourriez penser que le vent a changé parce qu'il est passé d'un obstacle à un avantage. En réalité, il n'a pas changé. C'est vous qui avez changé.

Par l'intermédiaire du prophète Ézéchiel, Dieu nous dit que lorsque les gens qui empruntent la mauvaise voie se tournent vers la voie de Dieu en prêtant attention aux avertissements de Dieu, ils passent de la position d'être sous la colère de Dieu à celle d'être sous sa bonne main de protection.

> **Ézéchiel 18:21-23** – *Si le méchant revient de tous les péchés qu'il a commis, s'il observe toutes mes lois et pratique la droiture et la justice, il vivra, il ne mourra pas. Toutes les transgressions qu'il a commises seront oubliées; il vivra, à cause de la justice qu'il a pratiquée. Ce que je désire, est-ce que le méchant meure? dit le Seigneur, l'Éternel. N'est-ce pas qu'il change de conduite et qu'il vive?*

En termes simples, c'est comme si Dieu promettait que si les gens se repentent, Il renoncera à les juger. S'ils ne se repentent pas, Il ne renoncera pas à déverser Sa colère sur eux. Par nature, le Dieu de la Bible ne prend pas plaisir à jeter les gens dans un enfer éternel. Au contraire, Il prend plaisir à pardonner leurs péchés et à faire preuve de miséricorde (Michée 7:18c) s'ils changent de comportement et le cherchent d'un cœur sincère. Cette réalité est déjà intégrée dans le plan et le dessein prédéterminés de Dieu. Ce n'est donc pas qu'Il change d'avis en tant que tel. Lorsque les gens changent de comportement, au lieu d'affronter Sa colère, ils reçoivent Sa miséricorde.

John MacArthur résume ainsi la question du changement d'avis de Dieu :

> *La manière dont une personne se tient devant Dieu détermine ce qui lui arrive. On ne peut pas reprocher au soleil de faire fondre la cire et de durcir l'argile. Le problème réside dans la substance de ces objets, pas dans le soleil. Dieu ne change jamais. Il continuera à récompenser le bien et à punir le mal.*

Quelles sont alors les implications de la nature immuable de Dieu?

IMPLICATION N° 1 : CELA DEVRAIT APPORTER DU RÉCONFORT AUX CROYANTS

La nature immuable de Dieu est l'un de ses attributs les plus essentiels et les plus réconfortants pour le croyant, surtout lorsqu'on la compare à la nature changeante des êtres humains. Avec quelle rapidité la foule qui avait accueilli le Seigneur Jésus en criant « Hosanna… Hosanna » (Matthieu 21:9) s'est-elle transformée en criant « Crucifie-le » (Matthieu 27:22b), à peine cinq jours plus tard! Nous avons tous connu des amis, des membres de la famille, des collègues ou des voisins qui nous ont laissé tomber. D'ailleurs, malheureusement, nous avons aussi laissé tomber les autres. Mais Dieu, étant le Rocher, reste immuable, non seulement dans son être mais aussi dans ses desseins. Et l'un de ses desseins consiste à garder en sécurité tous ceux qui lui ont fait confiance en plaçant leur foi en Jésus jusqu'à la fin!

Paul parle de cette assurance dans Philippiens 1:6 : « Je suis persuadé que celui qui a commencé en vous cette bonne oeuvre la rendra parfaite pour le jour de Jésus Christ. » Il nous promet que « rien ne pourra nous séparer de l'amour de Dieu manifesté en Jésus Christ notre Seigneur. » (Romains 8:39b). Jésus Lui-même rassure tous ceux qui Lui appartiennent avec ces paroles réconfortantes : « Je leur donne la vie éternelle; et elles ne périront jamais, et personne ne les ravira de ma main. » (Jean 10:28). Et comme si cela ne suffisait pas, Il a également poursuivi en nous assurant que le Père a également le même engagement à nous garder en sécurité jusqu'à la fin : « personne ne peut les ravir de la main de mon Père. » (Jean 10:29b).

La nature immuable de Dieu garantit l'accomplissement de ces promesses et de bien d'autres, comme la venue de Jésus dans la gloire (Matthieu 25:31), la création d'un nouveau ciel et d'une nouvelle terre (Esaïe 65:17; Apocalypse 21:1), l'effacement de toutes nos larmes, l'abolition de la mort, du deuil, des pleurs et de la douleur une fois pour toutes (Apocalypse 21:4). Et c'est pourquoi, lorsque les tempêtes de la vie nous frappent (et elles le feront), nous pouvons nous appuyer sur le Dieu de la Bible, Ce Rocher immuable et immobile, tout à fait digne de notre confiance inébranlable.

Aucune de ses promesses ne faillira, car il est un Dieu qui « ne peut mentir » (Tite 1:2, LSG). Comprendre la nature immuable de Dieu nous aide également à prier avec confiance, sachant qu'il accomplira tous ses bons et glorieux desseins pour nos vies, et que nous pouvons continuer à avancer avec confiance jusqu'à la fin. Sa promesse à Israël (et par extension à tous ses enfants) tient toujours, et quel réconfort cela nous apporte lorsque nous acceptons de tout cœur la vérité sur la nature immuable de Dieu :

> **Esaïe 54:10** – *Quand les montagnes s'éloigneraient, Quand les collines chancelleraient, Mon amour ne s'éloignera point de toi, Et mon alliance de paix ne chancellera point, Dit l'Éternel, qui a compassion de toi.*

CONSÉQUENCE N°2 : CELA DEVRAIT TERRORISER LES NON-CROYANTS

Lorsque l'eau qui peut étancher la soif et donner la vie arrive, elle peut détruire des vies. Il en est de même de la nature immuable de Dieu qui apporte du réconfort à ceux qui sont ses enfants par la foi en Jésus, mais produit la réponse exactement opposée, c'est-à-dire la terreur, chez ceux qui sont encore loin de lui.

Pourquoi ? Son attitude envers le péché reste inchangée puisque Dieu est Saint, Juste et Courroucé. Il ne peut pas et ne veut pas se détourner de punir le péché.

Le déluge du temps de Noé, où toute la race humaine, à l'exception de Noé et de sa famille, fut détruite, la destruction de Sodome et Gomorrhe, la noyade des armées du Pharaon dans la mer Rouge et la destruction de Jérusalem en 70 après J.-C. ne sont que quelques exemples pour nous rappeler que Dieu haïra toujours le péché et apportera le jugement lorsque les gens continueront à ne pas se repentir.

Dieu n'a pas changé d'avis sur le péché. Et il ne changera pas non plus à l'avenir! Un Dieu saint qui ne peut pas considérer le péché d'un œil favorable (Habacuc 1:13) ne peut que juger tous ceux qui ont refusé de lui rendre gloire (Romains 3:23). Il ne changera pas d'avis, peu importe à quel point ils crieront au Jour du Jugement. Il a promis de se venger de tous ses ennemis qui refusent de venir à lui selon ses conditions. Les passages bibliques suivants en témoignent :

> **Deutéronome 32:40-42** – *Car je lève ma main vers le ciel, Et je dis : Je vis éternellement! Si j'aiguise l'éclair de mon épée Et si ma main saisit la justice, Je me vengerai de mes adversaires Et je punirai ceux qui me haïssent; Mon épée dévorera leur chair, Et j'enivrerai mes flèches de sang, Du*

sang des blessés et des captifs, De la tête des chefs de l'ennemi.

Ézéchiel 8:18 – *Moi aussi, j'agirai avec fureur; mon oeil sera sans pitié, et je n'aurai point de miséricorde; quand ils crieront à haute voix à mes oreilles, je ne les écouterai pas.*

Matthieu 13:41-43 – *Le Fils de l'homme enverra ses anges, qui arracheront de son royaume tous les scandales et ceux qui commettent l'iniquité : et ils les jetteront dans la fournaise ardente, où il y aura des pleurs et des grincements de dents. Alors les justes resplendiront comme le soleil dans le royaume de leur Père. Que celui qui a des oreilles pour entendre entende.*

2 Thessaloniciens 1:6-9 – *Car il est de la justice de Dieu de rendre l'affliction à ceux qui vous affligent, et de vous donner, à vous qui êtes affligés, du repos avec nous, lorsque le Seigneur Jésus apparaîtra du ciel avec les anges de sa puissance, au milieu d'une flamme de feu, pour punir ceux qui ne connaissent pas Dieu et ceux qui n'obéissent pas à l'Évangile de notre Seigneur Jésus. Ils auront pour châtiment une ruine éternelle, loin de la face du Seigneur et de la gloire de sa force.*

Etant donné toutes ces promesses du jugement à venir (et seulement quelques versets ont été énumérés ci-dessus), que devez-vous faire, cher lecteur, qui êtes encore loin de Dieu ? Vous devez Lui demander d'ouvrir vos yeux pour voir qui vous êtes réellement, —un pécheur à Ses yeux. Comprenez que ce Dieu qui, malgré votre désobéissance, vous donne à manger et beaucoup d'autres choses joyeuses dont vous pouvez profiter, se retournera un jour contre vous avec colère si vous continuez à Le rejeter et à choisir votre propre mode de vie.

C'est pourquoi vous devez le supplier de vous aider à reconnaître que vous êtes un pécheur qui s'est rebellé contre lui en ne respectant pas ses saints commandements. Vous devez être prêt à vous détourner d'un tel style de vie et à accepter le pardon qu'il offre par son Fils, Jésus. Jésus a vécu la vie parfaite que personne ne pourrait jamais vivre, même pas une seconde. Il est mort sur la croix pour nos péchés, et Dieu l'a ressuscité le troisième jour, montrant qu'il a accepté le paiement pour nos péchés. Et en faisant confiance à Jésus seul, vous pouvez avoir tous vos péchés pardonnés. Vous pouvez recevoir le Saint-Esprit. Vous pouvez avoir une position juste devant Dieu. C'est la seule façon d'échapper à ce jugement final et féroce à venir.

Et si, par la grâce de Dieu, vous êtes capables de faire cela, alors, au lieu de la terreur, vous ressentirez aussi du réconfort en réfléchissant à la nature immuable de ce grand et glorieux Dieu et Père du Seigneur Jésus-

Christ. S'il vous plaît, ne tardez pas. Venez comme vous êtes. Fléchissez le genou devant le Roi Jésus. Que tous vos péchés soient lavés dans Son sang. Recevez une nouvelle vie. Recevez Son Saint-Esprit. Faites l'expérience d'un nouveau départ que vous ne regretterez pas pour toute l'éternité!

Questions de discussion --

1. Comment ce chapitre a-t-il affecté votre vision de la sainteté de Dieu?

2. Quels changements de vie pourriez-vous apporter à la lumière de cet attribut de Dieu?

3. Comment cet attribut de Dieu affecte-t-il vos prières?

4. Comment cet attribut de Dieu affecte-t-il votre évangélisation?

Verset biblique pour la méditation/mémorisation -----------------------

Malachie 3:6 – *Car je suis l'Éternel, je ne change pas; Et vous, enfants de Jacob, vous n'avez pas été consumés.*

Prière ---

Père, dans un monde en constante évolution, il est si réconfortant de savoir que Ta nature et Tes desseins sont immuables. Souvent, j'oublie cela et je tombe dans le doute et le découragement. Pardonne-moi ce péché. Aide-moi à Te faire confiance même lorsque les choses semblent s'effondrer et à me reposer en Ta présence sans m'inquiéter de l'avenir. Rappelle-moi sans cesse que toutes Tes bonnes promesses sont accomplies en Christ, mon Seigneur, qui me ramènera un jour à la maison en toute sécurité. Amen!

Remerciements

Si vous êtes arrivé jusqu'ici, je tiens à vous remercier infiniment d'avoir accepté de lire ce livre. J'espère sincèrement que votre cœur a été encouragé et que vous avez une vision plus grande de Dieu.

J'aimerais vous donner une suggestion pratique pour garder constamment à l'esprit les attributs de Dieu. Peut-être avez-vous déjà entendu parler de l'acronyme ACGS à utiliser en matière de prière. Sinon, le voici :

- **(A)** Adoration —reconnaissant Dieu pour qui Il est, en termes d'un ou plusieurs de Ses attributs.

- **(C)** Confession —reconnaissant à Dieu vos péchés et demandant pardon.

- **(G)** Gratitude —remerciant Dieu pour ses bénédictions dans votre vie et dans la vie des autres.

- **(S)** Supplication —demandant à Dieu en faveur des besoins des autres et des vôtres.

C'est cette **partie** que je voudrais vous encourager à utiliser afin de garder toujours à l'esprit les attributs de Dieu. Parcourez les différents attributs énumérés dans ce livre et d'autres qui sont donnés dans la Bible et louez Dieu pour chacun d'eux. De cette façon, vous penserez constamment à qui est Dieu, mais vous serez également encouragé à poursuivre une vie en accord avec cet attribut.

Prenons par exemple la sainteté de Dieu. Si vous voulez y réfléchir, vous pourriez prier quelque chose du genre :

Père, je sais que tu es saint. Personne n'est semblable à toi, majestueux en sainteté. Merci d'avoir sauvé une pécheresse comme moi. Aide-moi à être sainte comme toi.

Une autre raison pourrait être sa fidélité. Vous pourriez prier quelque chose comme ceci :

Père, tu es un Dieu fidèle pour toujours. La Bible donne un exemple après l'autre de ta fidélité envers tes enfants. J'ai moi-même fait l'expérience de cela à de nombreuses reprises dans le passé. En ce moment, ces épreuves me pèsent et je suis très découragé. Ma foi est faible. S'il te plaît, aide-moi à avoir confiance en ta fidélité envers moi. Aide-moi à croire que tu m'apporteras bientôt la délivrance ou que tu m'accorderas encore plus de grâce pour traverser mes épreuves.

Concernant le fait que Dieu est toute sagesse, vous pourriez envisager de prier ces mots :

Père, je sais que Tu es un Dieu infiniment sage. Dans Ta sagesse, Tu as créé l'univers tout entier. Tu sais tout, moi non. En ce moment, je me demande quelle direction prendre concernant ce sujet particulier. Je ne sais tout simplement pas quoi faire. Mais je me tourne vers Toi pour obtenir la sagesse. Tu as promis de donner la sagesse à tous ceux qui Te cherchent sincèrement. Alors, je viens. Aide-moi à Te glorifier en faisant le bon choix, même si cela signifie que ce sera difficile. Aide-moi à croire que Ta volonté est toujours la meilleure pour moi et protège-moi de m'appuyer sur ma propre sagesse et ma propre compréhension.

En commençant nos prières par les attributs de Dieu, non seulement nous mettons Dieu en premier, mais nous expérimentons également une plus grande croissance dans notre connaissance de Lui, conduisant ainsi à un plus grand amour pour Lui.

Remarque : vous pouvez également utiliser les exemples de prières à la fin de chaque attribut de ce livre pour vous aider à développer cette habitude.

de l'auteur

Je suis un pécheur sauvé uniquement par la grâce du Seigneur Jésus. Je viens d'un milieu hindou orthodoxe brahmane (indien). Le Seigneur m'a sauvé principalement grâce au témoignage aimant, fidèle et persistant d'un ami chrétien, Vijay, un ancien hindou qui s'est gracieusement converti au Christ. C'est aussi grâce à la lecture d'une Bible déposée à ma porte par un individu inconnu alors que j'étudiais au Texas, aux États-Unis, au même moment. Les paroles de Jésus dans Jean 10:11, « Je suis le bon berger. Le bon berger donne sa vie pour ses brebis, » étaient un passage clé des Écritures que le Saint-Esprit a profondément imprimé pour amener ce pécheur rebelle à la connaissance salvatrice du berger gracieux et Sauveur, le Seigneur Jésus-Christ.

Je suis béni d'être marié à Geetha et d'avoir deux enfants, Paul et Preethi. Tous sont croyants par la grâce de Dieu. J'ai également le grand privilège de servir en tant que pasteur de la Grace Bible Church à Windsor, en Ontario, depuis sa fondation en 2003! Ils forment un groupe formidable de frères et sœurs aimants. C'est vraiment une joie de les servir.

Je suis également très reconnaissant envers Proclaim Publishers pour avoir traduit ce livre en français. Leur souci méticuleux du détail est une véritable bénédiction. Non seulement ils ont traduit ce livre, mais ils continuent également de traduire les différents articles du blog anglais en français et ce livre dans d'autres langues. Vous trouverez des détails à leur sujet sur www.proclaimpublishers.com.

Vous trouverez plus de détails sur moi et sur le blog/livre sur french.biblebasedhope.com et www.gbc-windsor.org. Si vous souhaitez me contacter directement, veuillez m'envoyer un courriel à Rk2serve@yahoo.com.

Des exemplaires de ce livre sont également disponibles sur le site Web d'Amazon, en versions imprimée et Kindle.

Une version PDF gratuite de ce livre est également disponible sur les sites mentionnés ci-dessus.

Si vous avez des questions sur le contenu de ce livre, n'hésitez pas à m'écrire. Je serais ravi de recevoir vos commentaires. Je suis pleinement conscient de mes limites et je cherche continuellement à approfondir ma compréhension des Écritures.

You may obtain this and many other fine resources
made available by Proclaim Publishers by contacting us:

Web: proclaimpublishers.com

Email: info@proclaimpublishers.com

Postal Mail:
1317 Edgewater Drive, Suite 4774
Orlando, FL, 32804

S O L I   D E O   G L O R I A

ORLANDO, FLORIDA